宇宙間慈悲的力量，感謝這一刻
全宇宙都在幫助我。
每一件事、每一個人、每一樣東西
都是另一個我，
在幫助這一刻的我覺醒。

# 地・藏・經

五濁惡世轉遍地寶藏，勝義般若經

*the*
*Omnipresent Treasure*
*Sutra*

還原佛法本意的佛法

傳訊者——章成、M·FAN

目錄

# 自序＊佛法是真富貴之法

這個世界上最有福氣的事是什麼呢？我認為是「時時擁有好心情」。

每天早上醒來，環顧身邊的一切，心裡可以不由自主地喜悅起來，然後去開始新的一天；每天晚上睡覺，也能夠輕易地想起令人感謝的、讓心裡暖暖的事，而能夠甜甜地睡去；生活中被誤會了、被別人否定、事情不如預期時，還是覺得很平安、能理解、沒有想要還擊什麼，卻樂意進入一種「再學習」的狀態，讓自己的視野與能力，又更上一層樓。

這種感覺真棒、真自由。

我體會到，人生最大的自由，莫過於有自由「時時擁有好心情」；而人生最棒的自我實現，莫過於成為一個「不會失去快樂」的人。

而有一天，你將意識到有一種無以名之的無念，它是一種覺醒的大能量，存在於各種內外在的動靜之下，讓你明明看起來跟大家一樣在塵世裡說話、工作，卻其實置身在無聲的天堂，而你對人間的一切便只有奉獻與等待，不再被計較與渴望的心念所折磨。這樣的體驗你只要經歷過一次，就會知道，拿世界上任何東西來：富貴、權位、完美的愛情……想跟你交換這個「活在當下」，你都不會願意。

因為在那個體驗中你看見，原來真相是：你早已一無所缺。

雖然你一無所缺，可是外在的生活，從別人的角度來看，你確實也是愈來愈豐盛、愈來愈富貴的，這是什麼原因呢？因為「開悟」並不是一種心境而已，它同時是一種能力，讓你在這個世界上可以去「點石成金」。

然後你就會深深明白，為什麼在大乘佛法裡，所有的菩薩都是如此富貴莊嚴，為什麼每尊佛，都擁有如此巨大的資本與資源，可以去創建祂們各具特色的淨土世界。

原來「到彼岸的智慧」並不只是「到彼岸」而已，在到彼岸的過程中，你也會經歷一個愈來愈豐盛的歷程，愈來愈展現出菩薩的富貴、慈愛與智慧，這才是成佛之道真正的風景。

然而曾幾何時，在許多人的概念裡，佛法已經變成了「害怕痛苦，所以盡量不要執著」之法，已經變成了「害怕輪迴，所以一心嚮往佛國」之法，一切都從害怕、嚮往出發。而大家竟然以為息滅貪嗔癡的方式，是透過加深對另一個世界的嚮往，以及強調對無常之苦的懼怕，來不斷叫自己不要計較、不要羨慕，然後把對於人間的厭離，與關閉感官的少欲，名之為修行。

其實佛法的本意，是要我們每一個人，去打開自己「佛的智慧」。沒有智慧去看無常，無常就是苦；有智慧去看無常，無常就是一個生生不息的創作空間。

沒有智慧去看財富，財富就是會讓你執著的東西；有智慧去看財富，就懂得點石成金，隨處都可以創造金錢，何需執著？

沒有智慧去接觸花花世界，就會害怕貪染；有智慧去進入花花世界，就會看到感謝，更樂意去奉獻。

其實，如果有智慧，你看到的一切就愈來愈會是「本來無一物」，你理應愈來愈輕鬆、愈來愈活潑、愈來愈能開創利己又利他的豐盛才是。

佛教原本是智慧之教，而學習佛法，其實就是學習智慧。當你透過人世間的磕磕碰碰，主動地去瞭解事情，一層又一層地打開你的觀念限制時，這個過程，就好比蓮花瓣一層一層地打開、伸展，你的芬芳與自由度就開始展現了（自然也會愈來愈無我）。如果你人生的每一步都在學習智慧，有一天，到了一個程度，整朵蓮花就成形了（也就是各種角度的瞭解漸趨完備、平衡），你就會開始感覺到那股無念的大能量，愈來愈穩定地出現在你的生活之中，不再像以前只是吉光片羽。而如此繼續下去，你就已經接近了脫離輪迴的時刻。

這個蓮花綻放的過程，就是「花開見佛」真正的意思，它不是在久遠劫之後的某一刻發生，而是透過學習智慧，你的每一天就已經在這個開花的進行式當中；而每一片的花瓣打開，就象徵著你的人生在某一個議題上獲得自由了，這個自由必然為你帶來更美好、更豐盛、更有力量的生活；於是對你人生際遇中的人事物，你也很自然的會看見更多的感謝，而使你又更願意去為別人奉獻……這個良性循環一直下去，直到有一天，當不再有任何一部分的你，會去懷疑你自身的豐盛與福分時，那你還有什麼貪嗔癡可以起的呢？你就在這個別人所謂的五濁惡世裡面，當下置身於淨土了。而這樣的你，也擁有豐富的智慧可以去轉動任何你想轉動的事情，更輕盈地繼續去為他人奉獻，那麼雖然還有著身體，但你已經是一尊在世的「活佛」了。

這就是十方三世一切諸佛，真正希望大家走上的道路；也就是把「五濁惡世」的當下，變成「遍地寶藏」的當下！有這樣的富貴，你才是真的做好了脫離輪迴的準備。

如果你不是這樣，甚至是愈修愈相反（愈厭世、愈貧窮、對社會愈無可奈何），那麼希望你能在心裡騰出空間，重新思考一下「學佛」的本意，思考一下，為什麼自己讀了、聽了這麼多佛經，卻轉動不了自己的現實生活，沒有創造出內在與外在同步的自由？事實上，如果連現實生活的小輪迴你都脫離不了，那更不用說是脫離生死的大輪迴喔。

因此，這本書的內容，就是要幫助你回到更具有力量的修行之路，看見「佛法是真富貴之法」。而這一次高靈也將所給予的訊息，欽定為一部現代的佛經，裡面的文字全部以現代的語彙，深入淺出地還原佛法的本意，讓你可以更清楚知道，怎樣在這個娑婆世界裡，去為自己創造「自己想要給予自己的自由」，重新體驗佛法的美好！

而身為一個十幾年來直接由高靈所帶領，因而走上學習智慧之路的我自己而言，則想要藉著這個機會對讀者說：「學習智慧」真的是一條會讓你的人生愈來愈「時時有好心情」的道路。生活中所有的一切都會變成在成就你的無念與平安，而不再是拖累與干擾；你的心中愈來愈只剩下對別人的友善和瞭解，卻同時會有足夠的創意與自由，去達成你和這個世界之間，真正的雙贏。

盼望這份美好也由你來體驗！

感謝宇宙間慈悲的力量！

章成於台中　二〇一八年十月三日

# 〈前言〉

很多人想脫離世間的苦，他們閉眼靜心，參問：「我是誰？」

想撞見那個可以讓他們超脫輪迴的自己。

但這是錯誤了。

你要參問：「我是誰？」就去問：「我為什麼要自私？」

所有你心裡面偷偷訴說的那些理由，

那後面的那個人，

才是你必須去承認的「我是誰」。

只有從這個地獄開始，

將智慧之光照進，

你才能真正救拔自己，

脫離六道輪迴。

這是《地藏經》原始的意義。

# 孟婆湯

人為何會忘了前世？有人問：真的有孟婆湯嗎？
有的。
其實在投胎的過程中，靈魂是很痛苦的，
因為要從一個自由的靈魂，成為一個受限的肉體。
而這個痛苦，即發生在你們所說的
「懷胎十月」，
那就是那碗孟婆湯。

靈魂進入受精卵時，本來上輩子的記憶還是清楚的，
也就是一個人死掉了，直到剛進入受精卵時，他都是清楚的。
然而投生到新的身體時，
因為新的 DNA 與前世的身體不一樣，
靈魂在推動細胞分裂的時候，
必須一直適應這個 DNA，

也就是一直在和新的身體磨合；
就像核反應爐一樣，那是一個強烈的融合過程，
在融合也在釋放。
於是，舊的東西就一直在遺忘掉。

所謂靈魂與新身體的「融合」，
就例如靈魂本來不需要呼吸，
但融合進肉體時，
他就要讓肉體的呼吸能夠運作，
這就是「自律神經系統」的形成。

所以，這十個月「很忙」，
靈魂要讓極其複雜且精密的身體發展工作進行。
因此這適應新環境的大工程，
就是個「一直在喝孟婆湯」的過程。

所以，
為什麼有的人生出來就會有胎記？
其中一個因素，
就是靈魂在推動身體工作的過程中，把自己上輩子的記憶加進來的緣故。

例如有個人上輩子是被砲彈炸死的，
被炸死的時候，他身上有一個洞，
靈魂的印象很深刻，
所以在推動新的肉體形成時，影響了這個部分身體的生長，
便顯現了一個胎記。

甚至也有人是上一世手被炸斷了，
結果下一輩子的手就長不出來，
或變成了畸形。

不過這不是一種可以倒推的邏輯，

只是用來說明，
靈魂上一世的肉體經驗，是會有一種「遺留」，
去影響這一世在懷胎時的發育情形。

# 今世的開題

投胎的一開始，就像有一個命盤一直在旋轉中，
當精卵結合的那一瞬間，
則好比射飛鏢遊戲，一個飛鏢射過去，射到某個位置……
好，那你的此生，
就定在這個位置了。

靈魂便開始在這個位置所定下來的模組裡面，去與肉體磨合。
新的模組和他的上一世，
會在一個範圍內，不致相差太過遙遠，
例如你上一世是英國人，
很有可能這一世還會是英國人，或誕生在周邊的國家。
所謂的「範圍」，類似於「一個時區」。
比喻性地說，人的投生大約都會在一個時區之內。

因為靈魂的頻率振動，是有一個範圍的，
上一世與下一世之間的差異，
一般不會超過這個範圍。

當那個特定的精子與卵子結合，之後靈魂進來了，
它就馬上要去適應「兩個人」：
一個是父親的 DNA，一個是母親的 DNA。
兩組 DNA 的「思想模式」是不一樣的，所以靈魂可以說是，
置身於一種分裂的狀態。

這兩組 DNA 開始在轉動，靈魂就開始與兩者融合，
那就好像靈魂 A，要跟 B 與 C 融合，
於是 A 就有點像是，一直需要去背負 B 與 C 的記憶。
然而，這些記憶有些是與 A 衝突的，
所以這十個月對 A 來說是很痛苦的，
看似靜止的胎兒，

其實是有很多的衝突與學習在進行著。

然而正因為這些衝突，靈魂也會在這其中，

如同經歷一場預知之夢，

意識到自己先天帶來的功課。

換另一個角度說，

在這個融合的過程中，靈魂等於也是透過A、B、C的衝突，

在互動中形成一種，不斷在進行「勾選」的狀態。

勾選什麼呢？

勾選這一世要體驗的人生功課有哪些。

靈魂就是在這個階段一直、一直地在勾選，

而這個「勾選」，即是新的肉體的DNA，它一直在伸展，

然後就會長出手、腳、眼睛、五官……等這些東西出來。

所以這所謂的「懷胎十月」，可形容為一段激烈的時期，

使靈魂遺忘了前世的記憶，卻也同時一直在
為這新的一生「開題」。

所謂的「開題」就是：「我今生要做什麼功課？」
如同在一個選單裡面不斷、不斷地勾選……
同時間，在此過程中，
靈魂也就一直在遺忘上一世，
而在新一世中「覺醒」了。
所謂的「覺醒」就是，靈魂慢慢在習慣這個肉體，
直到出生那一刻。

因此當胚胎細胞不斷在分裂、分化，
其實也就是這新的一世的意識，
一直在舒展、一直在感覺、一直在擴張……
「這一世」的意識開始在甦醒，開始在熟悉這個肉體了。

# 命盤即功課

人死了，就是帶著他前世的記憶，
回到了「光」中去，
這個「光」就是「合一」，是無限制的「都可以」。
但是大部分的人都是有痛苦、有不甘心的，
所以很容易就會想要再投胎，
然後瞬間就又去了。

想投胎的靈魂，是因為有一個什麼事情想要體驗，
它就會被那個「體驗」捲進去。
這個「捲進去」的速度非常之快，
彷彿當你有個「意念之弦」一出來，
就立刻被「黑洞」吸進去，
然後你就開始進入那個A、B、C的DNA旋轉過程。

這個「被吸進去，開始打勾、打勾……」的過程，
就好比是一個生辰八字的「命盤」
一直在旋轉，
而這個「生辰八字在轉」，就是「六道輪迴」的意思。
靈魂，往這個旋轉的命盤投出飛鏢，
射中了哪一格，你就進去了「那一格」的子宮之中。
這個「子宮」就是你個人的命盤，
接下來，
你就得要去適應這個命盤了。

這個被選中的命盤裡面，就有這新的一世，
你雙親的 DNA 在裡面交織，有的相容、有的相斥，
你就會在裡面成長，但同時也是痛苦著。
換句話說，
當一個人又進入輪迴的時候，就等於同時在接觸「兩個人生」，
當他一直去適應「這兩個人生的交織」時，

這個適應也等同於一直在「打勾」。

通常人的「打勾」，都是選擇熟悉的，
所以你會選擇自己、父親、母親這三方
共同熟悉的東西去打勾，
然而這個「熟悉」就是你的「習慣」，也就是你的「頭腦」，
或說是「舒適圈」；
所以以前熟悉的「頭腦」又覆蓋你了，這個就變成是一種重複，
所以為什麼轉世叫做「輪迴」。

於是也可以說，每個人的一生裡，
「熟悉的」就是你的「頭腦」，
「不熟悉的」就是你的「功課」。

所以，為什麼有種說法，說「靈魂有三把火」？
這「三把火」就是指你的本靈、你的父親、你的母親

這三個先天的力量，在現在的這一世裡面交融；
而你的投胎，
就是定格在這「三把火」裡面，
去體驗這三把火所交織出來的一切。

所以，經過前世的死亡，又脫離身體回到合一之後的靈魂，
一旦意識中有一個「打勾」，也就是一有那個「念」時，
它就馬上通過黑洞，進入下一世了，
接下來的過程，橫貫一生，
就都是一直在痛苦之中「學習」。

例如很多人不是會有各種過敏嗎？
那你們就是必須在過敏的痛苦中學習，
例如學習怎麼控制這個過敏、怎麼減少它……
你是被迫要學會的，因為如果學不會，
你就會更痛苦，甚至你的生命就會結束。

所以為什麼說人來投生，就是要學習智慧？
因為沒有智慧，這一生會過得很痛苦，甚至就會提早結束生命，
然後又立刻地，要再來重受一次誕生之苦，
卻還是要面對相同的課題。

若是有智慧，你就能善用這一輩子，
突破過去的模式，
去抵消好幾輩子的重複。
甚至於，透過學習智慧，
你在人生裡面一直累積「瞭解」，直到這些「瞭解」
帶你完全回到「心」，
你就「回家」了，不再脫離這個合一。

## 「三」，是人生功課的開始

在輪迴中，人的靈魂是三方面力量的組合，
父、母、自己；
人的一生，就是要用這「三把火」去做功課，
這三把火，就是你這一生的「反應爐」。

所以，人生是「三」的倍數。
意即：人的命數，很多都會跟「三」這個數字有關係，
而你這一世的壽命有多長，也會跟這三把火有關係。

「三」是一個質數，也就是它是「除不盡」的。
除不盡的意思就是，
總是永遠有什麼東西在沒完沒了，
而這就是叫做「輪迴」。

你從「光」下來，
脫離了無限而進去了這個幾乎最小的質數「三」，
就在裡面一直沒完沒了，
除非你透過智慧，不然不能脫離這個「三」，
你將一直受限於這「三度空間」的感知。

因為人的肉體，
用數學來講就是數字「三」，
「三」就是你的一念——這「弦」的振動
所造成的宇宙。

若將一個人的出生，
比喻成是一架騰空而出的大飛機，
那這架大飛機，是誰在開的呢？
就是由父、母、自己這三把火，
所延伸出的「三的倍數」，

也就是所延伸出來的種種的人事物
在開動的。

而這個由「三的倍數」
所開展出來的種種人事物，就叫做「三次元」。
也就是說，
這三把火所旋轉出來的DNA，它所構築的實相，
就是人所體驗到的
現在這個三度空間的「立體感」。

相對低等的動物，例如蛇，
牠也是一公一母所生，所以牠的意識也是「三度空間」的。
但地球上也有的生物
它只活在「二度空間」，
也就是它的意識會只有「Yes or No」。

因此所謂的「六道輪迴」，
只是很簡約地，在形容意識發展的階段。
例如蛇也是從更低的意識
慢慢演化上來的。

而意識像是頻率，它是會上上下下，
不是完全固定，而是有一個範圍。
例如上升到天界的意識，
有時還是可能下降成為人的層次，
不過基本上要掉下來的話，
只會下降一階，而不會跨階，
例如不會從神仙直接變成鬼。

傳統所謂「六道輪迴」，這種「六道」的區分，
也是因為這樣而粗分出來。
這是為了以前的人的理解能力，所用的簡約說法，
就像把彩虹簡單劃分為七種顏色。

彩虹，其實細看的話是有無限的顏色的，
但以大部分人的眼界而言
就好像只有七種色調。
而以這為比喻的話，
人的投生也就像是，因為你想瞭解哪個顏色，
於是你就投生到那個色塊的區域去了。

## 智慧與壽命

倘若因為此生的學習，你的智慧愈高，這三把火就會愈強，
而你就可以延命。
過去，的確有人可以活到兩三百歲以上，那是因為智慧。
智慧愈高就代表著，你可以愈不用透過「輪迴」去學習，
而這是一個比較輕鬆的方式；
透過死亡與再生，則是一個比較痛苦的方式。

例如，有一個人活到一百歲，
可是因為智慧高，
他這一世所學習到的，另一個人要輪迴九百次，
即經過九百世，才能到達同等的智慧程度。
那麼試問，哪一個人比較輕鬆呢？
這是很明顯的。

所以如果你原先的三把火，只能讓你活到六十九歲，
可是你先天打勾的功課，你都學習到了，
那你等於在還活著時，已經都「解勾」了，
可是你的肉體還在，
那你接下來的學習就不用透過輪迴，而是在「當刻」就一直學上去了。

那麼這個學習，就會是比較不痛苦的，
因為很多東西你都駕輕就孰了。
而當下你在學習的時候，其實就已經是在天堂，
雖然你還有肉體，但你已經「合一」了，
那你就會一直延命下去。

所以假設有個人，他的三把火是到六十九歲，
那麼六十九歲那年，就是他的「期末考」；
如果他考過了，他的生命是可以無限延長，
他之後的人生，

會接近「天上」的狀態，是比較自由的。
因為他非常的豐盛，就好比一個非常有錢的富翁，
自然可以有許多許多的資源可以運用。

那什麼時候要離開這個世界？就是你自己決定的了，
如果你想要離開，你可以睡覺的時候就走了，
或者是化為虹光身離開，
就看你。

反過來，也有的人的三把火，假設本來是到八十歲，
可是他的功課都沒有做好，讓自己愈過愈糟，
那也會有點像是，
一個人把自己的積蓄提早敗光，
於是可能才到五十歲，他就會因為一場意外，提早走掉了。
也就是說，
愈沒有學習智慧，也會愈提早結束這一世。

但再次地，這個邏輯是不能反推的。

提早結束這一世的靈魂，
不但下一世還要做同樣的功課，而且會是在
比這一世又更差一些的境遇底下做，
所以其實難度又增加了。

為何如此呢？
因為不僅他原先的功課沒通過，
且又在這一世，累積了更多的迷惑與不甘心，
因此他下一世的生辰八字，
是他的靈魂帶著更多的痛苦去吸引來的。

輪迴中所謂的「沉淪」，其實就是指
投胎層次的下降。

人愈往下層次走，甚至會連自己本來還清楚的東西
都會變得模糊，
所以就會變成，除非他的境遇又更痛苦，
讓他苦到一個程度的時候，他才會重新的清楚過來，
願意往上走。
可是這個苦到谷底才回頭的過程，
可以花一億年。

# 前世今生的熟悉感

人有時會有一種「似曾相識」的悸動，
明明沒有來過的地方、沒有聽過的新歌
或是第一次見面的人，
卻莫名其妙有一種讓你悸動的熟悉感，
這些就是跟你的前世有所連結的人事物。

雖然是一首新歌，
但它裡面有一些元素，其實是過去世跟你有過連結的內容，
又再一次，在新的時空被排列組合出來。
你就會覺得好奇怪，
明明真的是一首新歌，為什麼你會覺得好熟悉？
有很多人很想要去明白這個連結、回溯這個前世，
或是再續這個緣分，
但是這並不好，為什麼呢？

因為你愈去連結那份熟悉感，你就會愈停滯不前。

轉世輪迴，就像一齣一直演不完的八點檔，
這些熟悉感你去連結的話，其實它的意境，
都是帶你回到這齣八點檔的某一個喬段而已，
你就會落入「情」裡面眷戀。

而這種眷戀
其實都是一種人與人之間
互相的「點燈取暖」，
會讓你更在這個「地球的輪迴層次」彼此拉扯，
而不讓對方清醒，
不讓對方找到自己的力量。

來到地球作功課的人們，
集體意識上

其實就是一齣八點檔連續劇。
什麼叫做「八點檔」呢？
就是專門演一些你會熟悉、會認同的劇情，然後在裡面讓你又痛又爽。
然後你為了想爽，就一直想要看下去，
你愈看下去，你就愈被洗腦，
就愈在那些「認同」裡面
出不來了。

「八點檔」就是那種你看得愈久，
你的反應模式
就會愈「八點檔」的東西。

古時候沒有電視，但照樣有它的「八點檔」，
就是所謂「三姑六婆」的群體生活，
所以「八點檔」是無論什麼時代，人類都在演的；
而一個人愈「三姑六婆」，

他的靈魂層次就愈低。

然而當一個人愈「三姑六婆」時，
他也不知道誰是三姑、誰是六婆了，
連他自己就是「三姑六婆」，
他也會不知道了。
因為他已經跟「三姑六婆」的層次「合一」，
讓自己「適應進去」了，
可是這種「適應」，
就是在往下沉淪。

反之，當你愈有智慧、愈有在覺察，
你就愈能看得出哪些事物（爽點），是在讓人往下沉淪的，
那麼你就會如同我們曾說的一句話：
「清楚＝療癒」
你就自然愈看得出誰是「三姑」、誰是「六婆」，

而不會再跟著他們的「連續劇」團團轉，
那你就是一直在「解勾」了。

而你愈「解勾」，你的智慧就愈熟成，
愈有智慧，也會讓你愈憶起一些東西，比如上一輩子你是誰，
以及，你前世擅長的能力，
這些都會更清楚地回來了。
這些就是所謂的「天賦」——
你本來就會的能力，被開啟了。

「智慧」能將你前世累積的「天賦」
開啟得更多。
例如有些小孩子
如果他一直有在生活裡面「觀察」，
觀察媽媽、觀察爸爸、觀察環境……

他一直有在「把這個東西跟那個東西做對照」，
就像一個旁觀者。
那這樣的小孩就會愈開啟他的「慧根」，
因為這些觀察，也就等於在學習智慧。

這樣的孩子，是會開竅得比別的孩子更早的，
而這個「開竅」，
也會使他前世的能力
又有更多部分「醒過來」。
他就會好像變了一個人，突然變得很有能力學習，
或很有能力做什麼事情。
這樣的孩子，他做事就會比較事半功倍，
一生就會比較輕鬆，這就是有福氣。

可是如果你讓一個孩子
愈去追求別人的認同、愈跟人家混在一起，

他就會愈拋掉智慧，去演那個「八點檔」。
有的媽媽的教養方式，讓她的孩子很黏她，
那麼小孩事實上是變得更愚的，
他就不會「開竅」。
這樣長大的小孩，就是現在說的「媽寶」。

所以你可以去觀察嬰兒，
如果他的眼睛一直有在觀察你，那個就是聰明的；
如果他的眼神一直像在「黏人的」，比較「吸附性」的，
這個孩子就愈不聰明。

愈聰明的靈魂愈有在「看」。

# 人生的第一個陷阱，是被愛

人從出生開始，就在父母愛的呵護下常常被抱著，
嬰兒時期因為常常被抱著，所以長大了以後，只要被擁抱，
就很容易感覺到被愛，
會重回到那種被愛著、被呵護著的感覺。
但這也是靈魂投生到地球層次，
所碰到的第一個很大的功課。

且說，靈魂剛投胎的時候，對任何事本來都還很清楚，
例如剛出生的嬰兒其實不是用眼睛去看，
而是用「第六感」，
或說是用「神性」去看的。
這時期跟人死了以後，還可以看得到一樣，
並不是用肉眼去看的。

然而當他出生的時候，也等於是「做另一場夢」的開始了，
剛開始他的「神性感官」都還很強，可以清楚地知道很多事，
但是有了肉體以後，他的注意力
就會開始聚焦在肉體的五官所帶給他的體驗。
漸漸地，
五官就變成了他最主要的知覺焦點了。

然而，剛開始擁有肉體是很不舒服的，有好多事情要適應，
所以嬰兒常常會哭鬧，因為明明不舒服，
卻不知道要怎麼控制身體，
這也像某種地獄般的枷鎖，將本來自由的靈魂困在其中。

而在這個時候，父母會照顧嬰兒，
抱他、餵他……
嬰兒一方面開始適應了肉體、一方面又一直得到照顧，
於是感覺到一種幸福：

「我什麼事都不用做，就可以得到關注、被養育和照顧。」

明明嬰兒看起來
沒有經歷過人世的風霜、沒有出社會討過生活，
但他在潛意識裡卻會產生這樣的想法：
「好棒啊！我不想長大，想一直享受下去。」
這其實是因為那個在嬰兒身體裡的靈魂，
還沒有完全忘記前世的辛苦。

當嬰兒慢慢長大，成為一個少年、青年或成人，
開始看見這個世界的現實，
也同時必須承擔責任和勞苦的時候，
有些人就會逃到「公主病」裡面，
也就是想要退化回嬰兒的狀態。
這個狀態就是：
「我不想自己去做什麼，但我要什麼的時候，

我知道怎樣去讓別人不舒服，然後我就可以得到。」

心理學常說：「孩子想要得到父母的愛。」
但這其實並不如大家所歌頌得那樣美麗。
與其說人們終其一生是在追尋「愛」，
不如說是在追尋「被愛」。
所以人們對愛的歌頌，幾乎都是出於自己的「想要」：
想要被餵養、被呵護、被不離不棄……
無論我是什麼樣子、無論我做了什麼或沒做什麼。

這就是當靈魂來投胎時，第一個掉入的「甜蜜陷阱」。
何以說是「陷阱」呢？
因為人來這個世界，就是要來做功課的；
小從一顆蛀牙、大至衰老失能，
人的一生，從出生到死亡，
事實上，都是在痛苦裡面被迫去學習的。

因此人必須主動「活到老，學到老」，才會過得比較輕鬆，
也就是你要學習智慧，才會過得比較好。

如果潛意識地，
一直想跟這個世界的其他人討愛，
或不自覺地，遇到困難就想要退縮，
甚至羨慕起家裡寵物的簡單安逸，
你的人生反而會愈過愈痛苦；
而你的下一世，
也會變成有更多因為你的逃避，
所吸引而來的坎坷與障礙。

人需要去思考這個公案：
我們為什麼會「一個人」來投胎、赤裸裸地來？
然後離開的時候也是什麼都帶不走、
又赤裸裸地「一個人」走呢？

這其實是在告訴你
一件很究竟的事：
其實人生，就是你自己在面對這一切，
就是「你自己在做自己的功課」
的一趟旅程。

很多走入宗教或追尋靈性的人，都會有一種心情：
為什麼人生這麼苦？
為什麼這個世界是這個樣子？
為什麼人間有這麼多自私和計算？
為什麼大家不能彼此相愛，創造出在地上的天堂呢？
有這樣想的人，其實都是比較覺醒的，
你們的心都是比較敏感的；
但重點是，你仍然逗留在這個「人生最初的甜蜜陷阱」裡，
因為你仍然在那個「悲」裡面，
期待這個世界溫柔地對待你。

為何老鷹要把小鷹推出巢去，逼牠們去飛？

佛真正的慈與愛，是要讓你獨立去飛，

是要讓你真正去明白，其實，全世界只有你「一個人」，

只有你一個人可以決定你的人生。

換句話說，

無私的愛與奉獻，只能夠從自己這裡「得來」。

只有你去實踐「感謝＋反省＝奉獻」，

讓自己成熟，

你才能讓自己脫離這個苦的世界、脫離無盡的地球輪迴，

除此之外，

你是沒有辦法從別人那裡去討到愛的。

因為這個地球上所有的「別人」，

也就是那隻老鷹。

請記得諸佛的叮嚀：

人死亡的時候，身體、財物、名聲……什麼都帶不走，

只有靈魂的智慧是會跟著靈魂走的。

所以如果因為汲汲營營在賺錢，

或百轉千回地去要愛，

而你的靈魂並沒有成長，

那麼你真正可以帶走的東西沒有成長，

你這輩子

也就等於白受苦一遭了。

# 阿彌陀佛

如果你很有意識地知道自己要來做什麼功課，
你會很清明且獨立，
你的靈魂會一直有在看這個世界，並且會去面對。
那麼穿越了你的不成熟，
你就擁有了，可以自己給自己
「你想要的任何自由」的自由。
你的世界沒有所謂的絆腳石，
這就是「無量光」。

並且你也就擁有了，不需要等待，
一直創造上去的能力，
你的一年，已經可以是別人的十年，
乃至於最後，
不再需要透過肉體的生死，

就可以一直創造上去，
這就是「無量壽」。

上述就是「阿彌陀佛」真正的意義。

# 六道輪迴

人間流傳著：人死了以後，脫離了身體，會看到一道光。
其實這個「光」就是智慧，
也稱之為「智慧光」。
因為這光就是「大覺醒」的意思。

人死了以後，會重新意識到這個「大覺醒」——
這個毫無界限的「都可以」，
即「大合一」。

於是，
就如同當你投胎到一個新的肉體裡面去，
開始一直打勾是類似的，
只是現在，動作剛好相反：
當這道光愈靠近你的覺知，你就愈「解勾」，
你開始在做很多的「解勾」動作，你有做到的功課就會「解勾」。

而在解勾的過程中，
你是愈來愈沒有痛苦的、是喜悅的、會有往上昇的感覺，
彷彿自己正在融入這道光。

正確的修行者，還在世的時候，
就可以有這樣的「智慧光」了，
那他死的時候，看到的就不會是痛苦、不甘，
而是看到自己「一直在解勾、解勾……」
他是在愈來愈融入那道光明當中，
也就是愈接近「涅槃」。

倘若這個人在生前，
對人性的一切都瞭解，對人間的功課他都開悟了，
而開展出了「慈悲」中的「慈」，
那他死了以後，就會一直「解勾、解勾……」，
最後完全融入那道光中，與這個「大合一」合一了，

那他就脫離輪迴，不會再來了。

然而，這個光同時也是考驗，
如果本來是在「解勾、解勾……」
突然碰到一個議題
他「打勾」了，與那個大合一互斥，
那他就瞬間又去投胎了，
去修他剩餘的功課。

一般人呢？
一般人脫離肉體以後，
首先要面對「死亡」這件事的衝擊，產生很多不熟悉感與恐懼感，
然後又因為心電感應力的恢復，
知覺到許許多多在世之人對他的心態的真相，
這些讓他震驚與難以接受的真相，
加上他此生的不甘心與不滿足，

根本還沒有融入光中，開始那個「解勾、解勾⋯⋯」的程序，
他就被黑洞吸進去，
馬上又在「打勾、打勾⋯⋯」了。
而他所有的恐懼、不滿足與不甘心，
就又統統被帶到他的下一輩子去。

## 我是誰

那麼，現在你已經再來地球了。
你為什麼來走這一遭？你到底要修什麼功課？
這就是在問「我是誰」。

什麼時候人會對自己問這個問題？
當他感覺人生很苦的時候，
他就想要返本溯源。

那人生為什麼苦？
因為你希望被無條件地愛，可是卻沒有人能給你那樣的愛；
因為你希望無條件地去愛人，可是你也沒有那個能力做到。
就是因為種種要不到、也做不到的挫折，
你就會有一種「我是誰」的茫然，
和「我是誰？」的生命疑問了。

其實，你是誰呢？
「你」就是那些
該做而還沒有完成的靈魂功課。

想知道自己的靈魂功課，
那就是去問：「我為什麼苦？」
這裡面所有的理由，就會帶你去看到你所有的功課。

如果有所謂「脫離輪迴的鑰匙」，
那麼每個人的那把鑰匙都長得不同，
所以你要找到你的那把，
去解開你的「我」；
也就是解開你的「苦」，
你就會回到那個「中性」裡面。
這個中性，
也就是「本來無一物」的自由

與自在。
那你就知道《心經》在講什麼了。

可是要找到這把屬於你的鑰匙，你首先就要去瞭解
「我是誰」；
你要去瞭解自己的模式，
你才會知道你需要什麼，
來讓你自己的苦
恢復平衡。

這個歷程很像在找另一半，
人在找另一半時，其實有意無意之間，
就是在尋求生命的平衡。
然而與另一半在一起了以後，在愛與被愛之間，
又會有很多衝突、又會遇見很多自我；
可是這些衝突，也就是給了你一些抉擇點，

讓你有機會去選擇奉獻，
也就像人家說的「磨合」。

用這個比喻，整個脫離輪迴的歷程亦復如是，
就是透過你與你的人生之間，一場又一場的「床頭吵、床尾和」，
你於是在裡面瞭解很多事情；
瞭解「忍耐」、瞭解「付出」、瞭解「權利與義務」……
因而變得愈來愈成熟。
而這些瞭解，就會讓你有智慧去看清，
你人生中哪些模式為什麼是失衡的？
而你便能勾消它們
回到「中性」。

舉例而言：
親子之間的關係是最容易充滿失衡與衝突的，
但或許你一直有一個觀念是，

父母親養育過你，所以你也要同等回報他們。
可是當這變成是
有些父母勒索孩子的方法，
這些父母只是想把你「吸收」
成為他自己的一部分；
說白一點，他是想把他們的「自己」
繼續「寄生」在你的身上，
好去實現
他自己沒有辦法實現的那個自我。
那麼這個勒索的關係，所造成的失衡，
如果你沒有能夠勾消它的智慧，
就會生生世世下去。

那你就必須要能夠脫離他們的自私，
甚至反過來有辦法控制住他們的自私，
讓他們的自私沒有辦法擴張下去。

如果他們已經僵化，像水泥一樣凝固，
已經無法再塑型，
那麼他們就必須再到下一世的輪迴去繼續學習。
但你必須明白這一點，去走自己的路。

所以你愛他們的方式
就是不要再去助長他們的自我，
這才是真正的愛，也才是
會讓你自己恢復平衡的那個「清楚」。
那個清楚就會勾消你之前的模式，
讓你結束你與父母之間的失衡，
而以這個「清楚」去做的事，
才是對你的父母最大的愛。

然後你就會知道，最大的愛就是因為清楚，
而對任何人可以等待。

# 面對自己

在世上你愈有清楚，人生也就愈少痛苦，
一個人即便還沒有修到可以脫離輪迴，
但他的清楚，會使得他的下一世
帶著更高的智慧繼續做功課。

這也就是為什麼
有些小孩子一出生就特別上進。
明明父母親可能好賭、不務正業……
可是這個小孩卻能成長得很好。

反之，也有那種家庭好像很好，卻出了殺人放火的孩子，
因為這個孩子
雖然還帶著前世的福報來投生，
可是他靈魂裡的苦，

也同樣帶來這一世了。
所以明明是在一個好的環境裡面成長，
他還是一直在感覺痛苦，
然後又把他的人生
活成上一世的復刻。

然而他這一世結束了以後，
由於靈魂又疊加了更多的不甘心與痛苦，
這些苦就會在他下一次的投生中，
把他往更低的頻率拉去，
那麼他下一世的境遇就不會那麼好了。

所以不用羨慕別人，
人無論在什麼環境成長，
都會有你所不知道的壓力，
有智慧的人會願意去面對這些壓力、

面對這些人生的苦，
所以他就學得更快、更多，
就會一直往上走，且如倒吃甘蔗。

而所謂的「面對壓力」，
就是如果你有睜開眼睛在「看」的話，
你會看到一件事情總有兩條叉路讓你選，
一條是讓你會愈活愈開闊的，
另一條就是讓你愈活愈渺小。

例如你有金錢的壓力，你一直很窮、被錢追著跑。
那你如果去面對這壓力，你就會看到：
要不你努力學習去賺錢，讓自己解除金錢的窘迫現狀，
要不你就是繼續寅吃卯糧，過著怨天尤人的日子。

雖然確實，金錢是生不帶來死不帶去的，

可是「賺錢的智慧」
卻可以。
也就是說，當你面對了這個壓力，去讓自己成長的話，
下輩子你就自然地會賺錢，會容易對賺錢有敏感度，
那你就勾消了這個金錢窘迫的功課了。

例如有的人很小就有生意頭腦，
他們在這方面很容易舉一反三、看見商機，
甚至年紀輕輕已經身家上億，
對他們而言，賺錢就沒有那麼辛苦，甚至於是很容易的。

那為什麼，
他們不會在賺錢這件事情上有痛苦呢？
這就是前世的他們，面對壓力之後，
成長出來的「慧根」。
所以「財庫」是什麼呢？也可以說

就是你先天帶來的「能力與智慧」。

因此人要去思考，既然我又來投胎了，
我要如何用這一生來面對問題、學習智慧，
不要等到死了，才被很多真相震驚，
然後又要再來一次。

我只要在這一生一直精進，一直做功課下去就好了。
那麼甚至當我離開這一生的時候，
它可以是最後一次，
我可以不需要再用肉體投生的種種痛苦，
來學習功課了。

# 人間的真相

很多所謂的「關係」：夫妻、親子、朋友、同事……
其實都是一堆人在自己的自私裡面，
用關係包裝，在互相索討。

如果你也正在裡面索討，當然就會看不清這一切，
所以你就忙著在裡面跟別人「交換」，
而這些「交換」，
就是「地球輪迴的各種遊戲」之意。

整個人生的這些「交換的遊戲」，
都是一直在延伸自己的自我，只是彼此講好
互為道具而已，
可是就會用很多的「情」、「愛」與「忠孝節義」之名
去美化與威逼利誘，

讓彼此脫離不了這種，
當別人道具、必須讓別人的自我滿意的輪迴之網。
總言之，
我讓你爽、你也必須讓我爽，否則……

當然，總有一天你會徹底明白，
然後就會離開這場遊戲，
只是這個明白，有的人只花幾輩子，有的人要花幾億輩子。

會走入宗教或靈修的人，許多是因為小時候曾經被愛，或是羨慕別人被愛，
就一直在追尋與憧憬「無條件的愛」。
所以當他用「無私」、「無條件」的眼光，
去衡量人生中的很多事情的時候，他會看到
「這些政治人物為什麼這麼假？」
「這些看起來有頭有臉的人為什麼可以這麼自私？」

他也會看到有些人對自己的家庭好像很有愛，
可是在外面工作時卻又像豺狼虎豹；
還會看到有些人對自己的孩子沒有愛，出去卻可以滿口仁義道德；
甚至看到自古以來，人類就一直在重複著
人踩人、人吃人的各種體制……

這些好複雜的東西，你看到了、覺察到了，
其實這是要恭喜你的，
因為你開始睜開眼睛看到真正的地球功課了。

但走入宗教或靈修
並非要讓你再度退化成一個「嬰兒」，
轉而去跟神或佛，索討無條件的愛，
信仰也不是要讓你把重點放在：
「誰」是好人、「誰」是壞人、
「誰」會得到報應、「誰」會得到獎賞……

而是
你要看到人類的這些「軌道」，
也就是所有的運轉，背後的理由，
而不是在這些軌道上面表演的人。

當你看清楚這些「軌道」，
也就是人類行為的來龍去脈的時候，
那就是「開悟者」了，
而就佛的眼光的話，那就是：恭喜你，
你終於張開眼睛了。

這些陳述，
是屬於「很究竟」的層次，
人如果還在這個交換遊戲裡面
玩得很有憧憬、很有快感，
他是完全不會想要懂得這些東西的，

甚至還會覺得很可怕，看了就想逃的。
因為對他們而言就是：
「我肉都還沒吃夠、酒都還沒喝夠！我都還沒玩夠呢！」

即便在其中
有的人過得不好，來求神救救他，
也只是希望神幫他怎麼玩得更大、
成為其中贏家就好。
如果告訴他，
最好就是不要再在這種「互吃」的自我遊戲裡面輪轉，
他也不要的。

然而當你透過這些軌道，去清楚「原來人世間就是這樣子」，
你內心的慈悲就會告訴你，
不要繼續在這個人世間，玩這種自我延伸的遊戲，
不要再繼續創造自己和別人的地獄了。

那這其實，
也才是你對自己和別人
最大的愛。

可是對於世俗的人來說，
這個「究竟」的道理是很可怕的，
因為他還沒有準備好，他想要的還是：
有人來愛我啊、有白馬王子來給我幸福啊。
所以這些羅曼史就會一直受到歡迎、歷久不衰，
只是隨著時代改變樣貌而已。

羅曼史，
只是在讓你感覺自我良好而已，
就像可以在寒冷的夜裡面，
點上一盞暖暖的小燈。

人都希望能在黑暗中看到亮光，
卻沒有人想要真正離開黑暗。
也就是說，
人們只是想在地獄裡面，感覺到自己比人家「有」，
而不是真的不想要這個地獄的。

因為說實話，一定要有這個地獄，
大家才會對自己的「有」
有那份成就感。

人間又稱做「娑婆世界」，
就是「還可以忍受的世界」，
其實，另一個意思，
地球其實就是
「某一個層次的地獄」。

# 藥師如來

人生，你進來又出去，
中間是學習的過程，而最後
你只能帶著你的「智慧」走。
如果你愈有智慧的光明，回到靈魂狀態時，
你是愈不痛苦的。

這與你還在世上的時候一模一樣，
如果你沒有好好學習，生活就會有愈來愈多痛苦，
當你的痛苦很多，你就愈會對很多事情在乎，
你就會一直在「打勾、打勾……」，
然後被很多事情綑綁住、限制住。

反過來，如果你都有好好的學習，
使得生活中的痛苦不用累積到那麼多，

就已經解套，
那未來的你也愈來愈容易提升。

一直在學習智慧中「解勾、解勾……」的人，
就是一直在變得更輕鬆、更開闊。
於是你的包容度與慈悲也會愈大，你就愈自由。
這是一個良性循環：
當你愈覺醒的時候，你就會愈有能力，
愈有能力，就會愈自由。

正如一個人愈有錢的話，就愈可以出國去看看世界，
而愈可以出國去看看世界，
他的思想就愈不會被家鄉的觀念綁住，
可以活得更海闊天空。
所以人來到這個世界就是要「覺醒」的，
就是要伸展開來，變得更舒暢的。

也例如一個人平常被感冒病毒感染的時候，
就懂得在有感冒徵兆的初期，
及時地以漱鹽開水、洗鼻子等方式，
讓呼吸道大部分的病菌被消除，
那麼剩下來的少量病菌，
反而讓他的身體受到適當的訓練，使抵抗力升級。
等於透過這次的細菌感染，注射了天然疫苗，
提升了他的免疫力，
卻又不必受痛苦。

所以感冒在流行的時候，
你並不是要去躲起來、不跟人群接觸，
而是要學習在感染的初期，
立刻知道怎麼處理，提升免疫力；
否則的話，愈是常常躲起來的人，

一旦感冒了就會非常嚴重、非常痛苦，
為什麼呢？
因為他沒有讓自己的免疫功能
隨著病毒的演化而更新。

在這個比喻裡面，「免疫力」就好比智慧，
「漱鹽開水、洗鼻子」
就是「有去學習怎麼處理」。
人生若遇到事情，
你都不逃避，能夠練習去面對、處理，
那你的智慧就能提升，
這就好比身體的免疫力，透過少量的病毒攻擊，
反而升級了。

而智慧提升了以後，再碰到同類的事情，
你不但不會痛苦，

還會更快在裡面舉一反三，
輕鬆地學到更新的智慧，
使你的能力又再度提升。

所以什麼是「慈」與「悲」呢？
當大家都在感冒，症狀嚴重的時候，
大家都在「悲」裡面，替自己難過也替別人難過；
可是當你有抗體可以不發病，
你就是在「慈」裡面了。
因為「慈」就是：
我會有時間可以等待，
因為我對我所面對的事物有瞭解，不會恐懼。

所以愈是學習智慧，
你就愈光明，
愈光明

就愈不需要療癒，
因為你是愈不會生病的，
而這就是「藥師如來」的意思。

有智慧的人就是遇到不如意時，
他選擇去面對和學習處理，
然後當他學到了，他的能力也就更強了。
那麼當別人都在為了什麼事情
哀鴻遍野的時候，
他的內心會是安然的、無懼的，
這樣的他，即使還需要從中學習什麼，
也會是比較不痛苦的，
會比較輕鬆就學到該學的事情。

所以愈清楚的人，
就愈不需要在生病了以後、痛苦了以後

才尋找療癒，
因為「清楚就不需要療癒」。
這就是「藥師琉璃光如來」所要告訴你們的
最上乘的療癒。

其實佛法，
就是「這個智慧」。
釋迦牟尼佛
曾用很多象徵與比喻，
來讓你們朝向這個智慧，
現在只是
在這個時代用大家聽得懂的方式，
再次傳遞這個
還原佛法本意的佛法。

# 當下的力量

這個世上很多事情都不確定，
但有一件事是你可以很確定的，那就是
「你自己在這個人間生活著」。

讓你最清楚這件事的不是別的，
就是「當下」，
因為你可以感覺到「當下」。
很多人常常在辯論什麼是「當下」，其實
「當下」就是「你自己」；
「當下」就是你自己的狀態，你隨時都在一個狀態裡面。

可是這個「狀態」不是「內在」的，
而是包括了整個「內在」與「外在」的全部，
「這整個」

才是「你自己」。

所以如果你說：
「我想瞭解自己」
那就不是閉上眼睛進入所謂的「內在」，
在那裡找東找西，
很多宗教都在講這個，這剛好是錯誤的。

「瞭解自己」就是去看：
我正在不滿意我的生活嗎？
我覺得我在一個什麼處境之中呢？
例如，你羨慕人家有好工作、收入多，
那為什麼他會在那個位置呢？
為什麼「我」卻會在這個位置呢？
這裡面的那個「我」，
平常又是怎麼對待自己、對待別人的？

而所謂「當下的力量」，
就是經過這個「瞭解自己」的過程後，
你所做的「決定」。
只有做出「決定」的當下，是具有力量的。

也就是說，當你能夠瞭解
「你在你所關切的事務上，與別的人事物是處於什麼樣的相對位置」
你才會真正認識「這整個狀態中的你自己」；
當你有這個認識的時候，你就會有清楚，
這個清楚就會讓你有所決定，
讓你的當下
往你想要的方向去移動，
這才會構成「當下的力量」。
當你在地球，是一個具有肉身的存在時，

你就像在一個大溫度計裡面，有一個你現在所在的刻度，
你必須去認識這個刻度的位置，
這才是「認識你自己」。

從這個刻度，你想要往上升或往下降，都沒有對錯，
然而你就有一種清楚，知道你在做什麼？
因為你一直都有在「看」。

所以
「當下」不是閉上眼睛去感覺到的「此刻」，
而是「你所在的世界的全貌中，你現在所在的位置」，
這就是你的當下，也就是那一刻的
「我是誰」。

你要從這個「我是誰」開始去瞭解：
這個世界的別人，其實是怎麼看你？

而你，又怎麼看這個世界？
從這裡所開展出來的「看盡一切」，
才會讓你不斷「解勾」，
而真正獲得大自在，
去光復你的「本來面目」。

沒有扎實地經歷這個過程，所謂的悟境，
都只會是曇花一現的亮點。

# 看盡一切，才是真修行

人常常想望著得到
平靜與平安，
但那是當你真正看得懂
「不平靜」與「不平安」，
才會自然回歸的位置。

雖然誕生之前的那個「你自己」
禪宗所謂「父母未生你之前的本來面目」
才是真相，
可是既然你已經成為了人，
你就要去「看」，
看你所經歷的這些人世間的一切事情，
而不能逃避。
因為唯有如此，

你才能夠看出你來的目的、
你來的功課。
直接想回歸那個「本來面目」，
想從一扇「脫離輪迴的門戶」
溜出去，
是行不通的。

如果你的功課已經運行完了，
或已經碰到這一世成長的天花板，你就自然會離開，
如果你還在這裡，
那就表示你還有功課在，
你就應當告訴自己：
「我要活到老、學到老」。
所謂的「活到老，學到老」，
就是要去「看盡這一切」，

這樣甚至是能夠一世解脫的。
可是這個「看盡這一切」
是很有深意的，
它的意思是「五感的」；
你不能只是眼睛去看，
手也要去摸、身體也要去經驗；
看得到、聽得到、摸得到、做得到……
才是「看盡」的意思。

很多人他們對很多事情
「看得到做不到」、「看得到吃不到」、「想得到不去做」……
然後就說，他們可以
「不需要」、「不在乎」、「不執著」……
這樣是不會完成輪迴功課的。

反之，如果能夠「看得到做得到」、「看得到吃得到」……

這個人就會是一個清楚自己「當下」的人，
他會知道
自己現在的「刻度」是在哪裡，
然後就看他決定接下來想往哪裡走，
他就有能力往那兒去。

當然，他也許會知道
不是一定非要往哪裡走不可，
可是這裡面
有一件事是確定的，
就是當一個人愈是
「想得到做得到」、「看得到吃得到」……
他就愈會「看盡這一切」，
也就是愈瞭解人世間的一切。
那他的智慧一定是愈來愈高、
愈來愈接近解脫。

其實在這個地球上，
人們的無明
都是要把彼此往下拉的。
如果沒有智慧，你不但看不出來這些，
還會糊里糊塗
就被牽制在裡面，一起向下沉淪。
就如也許你本來是有愛的，
可是一直被沒有愛的人，用各種方式拉扯之後，
你也變成沒有愛了。

社會的演變不就是這樣的嗎？
大家都在這個社會中，
看到很多人該做的事沒有做、卻拿得比自己多，
這種受傷的感覺慢慢加重、擴散，
於是甩開良知、變狠心的人，
也就愈來愈多了。

而沒有愛卻富有起來的地方，
就會變成地獄，
會變成一個人踩人、
充滿荒謬與殘忍的地方。
這就是大家已經體驗到的。

所以人生就是來學習智慧的，
因為有智慧
才能讓你看清人心人性，
不被別人的無明往下拉，
成為地獄裡的一份子，
你的修行功課才會成功，
這就是「看盡一切」的意思。

現在由於貧富差距擴大，

一直有人在質疑，「資本主義」到底好不好？
其實這是相對的，
如果資本主義是在有愛的、
有素質的社會中，
那它就會展現出比較多，
提出資本主義的人當初所設想的優點；
如果資本主義是在沒有愛、大家都很自私的社會中，
那它就會變成人類社會當中的「癌機制」。

可是這樣講，並不是要你又落入
「去嚮往一個烏托邦世界」的盼望與等待，
因為這就是那個
「小嬰兒」的甜蜜陷阱。
倘使真的有這個世界，
它也不是究竟，
只是地球遊戲的一部分而已。

因為在你們認知的人類歷史之前，
還有真正的「大歷史」，
在其中，地球早就有過無數的文明了。
而其中也曾經有過
你們會認為的烏托邦。

雖然那會是你們所認為的美好，
然而，它也只是「太極」裡面
「白」的那塊；
是「地球遊戲」裡面一個暫時的片段，
也就是說，「黑」的部分有沒有在裡面跟著它孕育而生？
有的。
所以最後，這烏托邦還是改變了，
從「白」變成了「黑」。

「黑」與「白」的永恆轉動，是娑婆世界的特徵，
這也就是「無常」。
「白」就像「吃喝」，「黑」就像「拉撒」，
你不能總是吃喝而不拉撒，
那麼有拉撒
就需要有人清理，
也就必須要有骯髒的下水道。
那麼，
這個下水道會不會有一天演化出惡菌，
毒死所有在吃喝的人呢？
也是有可能的。
這就是「白」與「黑」的相生。

可是「惡菌」並不「惡」，
它就是整個新陳代謝的一環而已。
所以，你認為的白，就總是會產生那個黑，

這就像有白天就有黑夜，
這就是「太極」。

同樣地，
當你帶著觀念來投生，
你就開始玩一場你的遊戲；
在你觀念裡的白，總會產生相對的黑，
這裡面就有你的功課在了。

而一百種人
就有一百種遊戲，這些統稱為「地球的遊戲」，
其共通性，
就是都隱含著你必須參悟的「太極」，
只看你是不是看得出來。

於是「修行」

在地球上所代表的意義，
就是能在生活中
去瞭解到這個「太極」。
然後，
在所謂的「白」與「黑」之間，
找到讓你的「新陳代謝」
能夠平衡、能夠正常運作的智慧。

例如你有「悲」進來，
你不會讓「悲」卡住你，
而能轉化成「慈」去流動，
於是你的人生就能夠順利地
在任何際遇裡面轉動其中的太極。
而能夠這樣，
就代表你有「能力」和「智慧」，
也就是你真的有修行了。

# 在天堂修行

所以修行是打坐嗎？
是誦經嗎？還是吃素？
這就好比在問，資本主義比較好？
還是社會主義比較好？

其實，無論什麼主義，
如果到後來
讓社會運轉得很卡，
無力處理許多痛苦，
那主張什麼主義
都無濟於事。

也就是說，
如果人的心裡面沒有感謝和反省，

做任何事的結局，都不會好。

如果你的心裡面沒有感謝和反省，
你會看不見你觀念中的太極，
即使你認為你在修行，
你也就會在你的偏向中，
去創造痛苦。

例如你會愈打坐愈貢高我慢、
愈誦經愈逃避問題、
愈吃素也會愈變成正義魔人……

感謝和反省，
才會讓你打開眼睛
去看到你觀念中的「太極」，
你就會自動去調整

自己觀念上有偏的那一塊，
讓你人生的「新陳代謝」變得更健康，
這才是你對自己最大的「奉獻」。（註）

而「健康的新陳代謝」，
就是「應無所住而生其心」。
事情都沒有一定要如何，
能夠瞭解別人、社會
與時局的相對位置，
而去調整自己的看待與作為，
那就是「而生其心」。

這樣你就能夠轉動「黑」與「白」，
讓你的人生沒有一個領域
是卡住的。

（註）「感謝＋反省＝奉獻」是開啟開悟意識的鑰匙，
請詳閱《奉獻》一書。（商周出版）

其實，若你有感謝，
你就會看到，
在你出生之前，已經建設與發明了那麼多東西，
讓你出生到這個世界以後，
可以去使用和體驗，
所以你並不孤單。

若你有感謝，你也會看到，
不是只有你的父母、家人在給你禮物，
其實這個世界
都在給你禮物。

所以如果
你接著有反省的話，
你就不會只想對你的家人好，
也會想對所有人好；

你自然會打破各種
對種族、宗教、膚色、性別、性傾向等等的偏見，
把全人類放進你的心裡面，
成為一個
也願意去用自己的貢獻，去給他們禮物的人。

當你去打開這種心量，這就是修行，
就是在打開你的內在空間。
甚至於，
當你更深入地實踐「感謝＋反省＝奉獻」，
你會繼續體會到
連大家認為「不好的」事物，
都在給你禮物、都在讓你更覺悟，
讓你去通過自己這一生的功課，
產生更大的瞭解與慈悲。

而一個人如果沒有感謝，
即使很有錢，
也會把自己的生活過得像在地獄；
而貧窮的人如果沒有感謝，
就會像天然災害來時，
明明家裡已經分到足夠的賑濟，
他還是要一直出去跟人家搶，在家裡把救濟物資
囤積得像山一樣高。

所以
有錢的老人家，
把家裡堆得都是黃金馬桶、黃金花瓶……
貧窮的老人家
也一樣撿各種東西塞滿家裡。
但你要去看
他們不快樂的臉，

那就在告訴你
其實是一樣的。

真正的「黃金」，
是當你能在生活的各面向
常常看到「感謝」，
你就會在很多面向上
去跟別人以愛流動，
你不會囤積，你是會去創造雙贏的。

人生的喜悅也是從感謝來的，
有了感謝之後就會在裡面反省：
我怎樣去跟別人有更多的接軌，然後可以去回饋別人呢？
這樣做的人，在地球上
就已經可以感覺到「天堂」了。

# 接引靈魂的那道光

善男子、善女人啊！
不管你有錢或是沒錢，
如果你生前的感覺
是活在地獄，
這個感覺到了死後
是會延續，而且還會加倍的。

因為人死了以後，
你所經歷的意識擴展
會把你的恐懼也擴張得更大。
所以千萬不要期待說，
我活著感覺很苦，那我死了就輕鬆了，
事情會跟你想得剛好相反。

反過來說，如果你活著的時候，
就已經感覺到感謝和美好，
那你死了以後，這份美好也會擴張，
例如你就會經驗到有神、佛、天使或菩薩，
在仙樂飄飄中來接引你。

不過這些死後的現象，無論好壞，
仍舊是在輪迴層次的假象，
都不是究竟。

真正的究竟就是傳說中，
死後會看到的「那道光」，
當一個人已經圓滿了地球功課，
他才能與那道光合一。
「那道光」，即是
「都可以，就是大覺醒」。

當一個人在活著的時候，
已經開始散發出「那道光」，
他就準備好，
接近最後的一世。

而生前散發出的「那道光」，
就是指你的「智慧」，
指你所得到的「瞭解」。

有關於這一生所經歷的事，你都已經清楚了，
你完全懂了所謂的黑與白、
心裡只剩下慈。
而黑與白在你的瞭解中，
已經可以自由自在地轉動著，
那麼這流動中的黑與白，
就是那道智慧之光。

這道光

將會散發著你的平安與自在，

即便還剩下一些功課沒有做完，

有這樣的自在，

也會使得你在這一世結束，

回到無限的意識擴展中時，

勾選較輕的功課，

而投生在人家所謂的

「比較好的境遇」，

去做你未完的功課。

所以為什麼地球上

一直都有很苦難，與很先進的區域，

或是有所謂的「階級」存在？

其實那不是「階級」，

而是「層次」。
這些投生的層次，就像你去上課，
分成一階、二階、三階……
意思是一樣的。

有的人會投生到
還在砍頭殺人的地方去學習，
有的人卻可以投生到
人權先進的地方去成長。

這個世界
有非洲、南美、中東、亞洲、美洲、歐洲……
學習的主軸和環境的優劣都不同，
這些就是地球教室的「一階」、「二階」、「三階」……
而你下一世會投生到哪裡去？

或是你即將結束輪迴？
都取決於你在這一生，
是否有張開眼睛去看，
是否願意更有智慧？

當你的智慧很高，你不可能去投生
當一隻蜈蚣或孑孓，
只是在那邊扭來扭去就過了一生。
那些都是想要當媽寶的人，想要什麼都不做，
只要被愛，
才會投生成那種生物的。

不過這只是一個比喻，
其實已經投生為人的話，
也很難再退化到這麼遠去。

但像家裡養的貓和狗，
有沒有覺得
牠們有時候很像人呢？
其實牠們也在進修，也在變得更覺察。
反過來，有沒有看到有一些人，
卻活得只在乎今天吃什麼、很像貓狗一樣的層次？

當然每個靈魂的頻率振動
是有一個範圍的，
以人的振動頻率，
是不太會再去經歷貓狗的層次的。

只是
當你活得像貓像狗，
下一世你投胎所得到的境遇，
當然就會比別人低。

## 「慈悲」與「慈」的境界不同

所以人生最重要的事，
就是學習智慧，
有智慧去清楚一切，
就會變得有能力去給予自己
自己想要的自由，
而不是去期待別人來給你。

那麼就算
你尚不能脫離輪迴，
起碼你能夠比那些智慧、能力更低的人，
過得較為自在和自由，
有能力不被他們影響、
被他們的不智拉下去。

就譬如有一個瘋子
在街上罵你，
你會也站在那裡
和他爭吵對罵嗎？
如果會，
就代表你的智慧、能力也低，
甚至跟那個瘋子
差沒有多少了。
否則你不但不會去跟他計較，
還會心生憐憫，
覺得他怎麼把自己過成這樣？
這個就是有「慈悲」了。

可是這個「慈悲」裡面
還是有「悲」的，
如果能夠看得更通透、是更有智慧的人，

就只是會覺得
有一個靈魂在那個階段，
然後知道一切只是時間的問題，
他也會慢慢進化的。
你的心裡頂多只會說：「祝福他。」
內心毫無「悲」的牽絆。

那為什麼這種「祝福」
是更通透的呢？
因為心裡只有祝福的人，就表示你再怎麼樣，
也不會成為他那樣子的人了；
但還有「悲」的話，
其實是代表著你的課題裡面，
還是有著跟對方
可以類比的部分，
尚未完成。

# 唯有入世而能出世

入世才能出世，
確實是這樣的。

但入世之後，是憑什麼出世的呢？
就是在入世的過程裡，
你的自我像浸泡在水裡的冰塊那樣，
愈化愈小，
而你的「功德」，卻愈來愈大。

所謂的「功德」就是：
你創造了未來的人會去感謝的事物，
但是你並不需要那個感謝。
也就是你不是為了讓別人感謝你，而去做的。

是為了讓人家能去感謝這個世界、能去感謝神
而做。
你的本心如此，那就會在入世的同時，
修得出世的功德。

那麼一個人為何能夠如此呢？
試想：你現在有自來水可以用，
但你不用去瞭解自來水的原理
也沒有關係。
可是在更早的年代，
親自去瞭解怎麼鑿井引水，
對那時候大部分的人
就很重要了。

因為大家都務農，
要灌溉、要喝水，

這些管道都要靠自己親手去建構，
所以不去瞭解，是不行的。

可是現在的生活中，
有好多東西
我們都不用去瞭解，
因為有前人已經為我們建構好，
我們只要直接去使用。

那麼，
如果你有感謝的話，
就可以看到你現在的便利，
都是以前人的成果，
而那些「前人們」，
多如天上繁星，
你並不能一一知曉。

所以對這一切由衷的感謝，
就自然會化為一種
從感恩而來的「反省」，
也就是會去思考：
我要怎麼創造，
讓以後的人能夠繼續受惠呢？

也就是說，
你能感謝「前人種樹」，
那就去思考你可以做什麼事情
讓「後人乘涼」？
這樣實際去做的人，
就會透過這個入世的付出，
這個歷練的過程，
而愈來愈放下小我，
終致其靈魂的頻率，跳出人類的界域。

而當你在這個過程中把自己的智慧提升，
不會活在黑暗與私心裡面，
變成是有光明的時候，
你的光明就會讓別人能夠「乘涼」。

當你的奉獻是來自於感謝，
你就沒有想要別人記住你，
這就是「無緣」大慈。
你會只是想在人間
創造一些善的循環，
這就是「同體」大悲。

所以這樣的運轉，
自我將會消融，
「那道光」即會升起。

這法門也就是：
感謝＋反省＝奉獻。

所以人如何跳出人類的界域？
如何透過入世而出世？
那就是透過你的人生，
去運轉「感謝＋反省＝奉獻」。

一個人即使帶著
很沉重的業力來投生，
若他能夠看到感謝，
他的宿怨也是可以一筆勾銷的。

因為在感謝裡面，
他會看到很多角度，讓他不瞭解的地方瞭解了、
不清楚的地方清楚了，

那他的靈魂就會獲得療癒。

可是若沒有感謝，他的內心
就會一直在不清楚裡面恨、一直在不清楚裡面鑽牛角尖、
一直在重複輪迴著
自己不甘心的思路。

所以有些作奸犯科的人，就是一直在那個
地獄輪迴的模式裡面停滯著。
可是我們不能去笑他，因為除非我們有更大的慈
而能跳上更大的一階，
否則我們和他也還是一樣投生在這個地球層級裡；
就神來看，
人類都在同一個界域裡面，
而不是真的差很多的。

# 修行並非棄俗，是創造愛的豐盛

「智慧」的相反就是「政治」，
「政治」就是最「頭腦」的，
人世間其實不需要政治。需要的是：
你有愛，你就去做。
去做之後
它自然會形成一個生活圈，
那個就不需要頭腦了。

所謂的頭腦，
就是一種「必須要這麼做或那麼做」
的必須。
當你是遵從這些「必須」的時候，
你就沒有「心」。

就如很多企業做大了以後，
他們就認為
自己擁有很多數據，
而遵從這些數據
可以讓他們賺更多的錢。
於是，你看到他們就一直在忙著賺錢。
可是他們所做的事
對社會有沒有真正的幫助？
沒有。

一開始他們不是說，
企業的存在
可以提供社會更多的就業機會、
然後大家都可以吃得飽、
有學習和成長的環境……等等嗎？
可是做到後來，

他卻像個吸血鬼一樣
一直在吸大家的血；
然後又像癌細胞一樣
一直在擴展它自己，
毫不在意母體的需要。

這具體而微地在比喻
地球層次的功課。

「政治」
就是人的「頭腦」，
頭腦其實是一直想要擴張自己的。

但另一方面，「愛的創造」
也會有很巨大的威力。
一個人若獻身於愛的創造，
他可能可以造福整個時代、提升整個世界，

然而這與頭腦去擴張自己
是不一樣的。
在愛的創造裡面，是會創造良性的循環，
使得後代的人
也能一直蒙受其利。

愛的創造也可以賺大錢，
但是它同時會為社會
創造更整體、又多元的精采和豐富。
它不會創造出
愈來愈狹隘、單一的價值觀，以及
大家都「必須如何」的那種生存的競賽。
它反而會去證明「互相輝映」的美好。

從愛而創造的「繁榮」，
會讓整個社會的文化與氣質都提升，

而不會只是有錢
及愈來愈醜陋的人性而已。

所以無論做什麼行業，
你都可以「創造」，
這個創造就是讓人們透過我們的創造，
可以「看到更多角度」、
可以「看到更多人生精采的可能性」。
這樣人類彼此，
才可以脫離互相踩踏、
互相掠奪的地獄思考。

舉例而言，
當大家的腦子都認為
石油是唯一的能源的時候，
人類所有的發明

就會都以石油為基礎去思考。
可是當你知道，
水、空氣、甚至微生物也可以當作能源的時候，
你用這麼多元的能源觀去思考、創造，
這個世界不就會跳脫
以依賴石油為主的恐懼，
而有更多可能性出來？

如果大家不必這麼依賴石油，
也就不會有人想去壟斷，
而讓很多人因為資源被壟斷，
活在更接近地獄的生活裡面。

但是現在大家的創造，
只是讓大家互相催眠，
好像「拼經濟」

才是唯一的出路。
這就是因為這些作為都是從「頭腦」來，
不是從愛來的。
雖然這些頭腦的說詞，看似言之成理，
但真相是：明明大家已經愈來愈活在
「政治無孔不入」的地獄裡面。

你去看這個世界，愈是有戰爭的地方，
都是「意識愈窄化」的地方，
也就是愈多「意識型態」的地方；
而所謂的意識型態，你去看，
就是政客最喜歡、賴以生存的東西，
所以意識型態愈重的地方，
就會有愈多的政客。

而愈高層次的地方，

就是愈能夠以開闊的視野，讓羨慕嫉妒化於無形，
愈知道如何以德行的芬芳
去吸引人前去親近，
而不是以武力強逼人就範的。

所以，
什麼是「有文化的地方」？
愈有文化的地方，
就是愈可以在檯面上
看得到多元性的地方；
愈落後的文化——也就是愈野蠻的地方，
你去看，
都是愈強調單一價值觀的地方。

愈有文化，
就愈能夠尊重不同人的不同發展與變化。

也就是說，
愈有智慧的地方，
就會愈「都可以」。
在那裡，
大家會覺得各種不同的呈現，
都像一種色彩的表現，
可以提供多角度的視野與理解，
是一種精采。
而愈野蠻的地方
就是愈「不可以」，
只有誰說的才算、才可以。
地球上有些極端份子占領的地方，
甚至連聽音樂都不可以。

然後，你去看，
愈「不可以」的地方，

都是愈充滿恐懼、害怕、不甘心、嫉妒、生活沒有笑容的地方。
難道這只是巧合嗎？
反之，愈「都可以」的地方
就愈沒有羡慕、嫉妒，
因為大家都可以得到適合自己的生活，
是愈喜悅的。

有「玻璃心」的人就說：
那我想害人殺人，那也都可以啊，你們應該包容我。
這個就是狡辯，因為「都可以」是尊重他人，
怎麼會到了你這裡，變成是去剝奪呢？

# 看見多元之美，即修佛淨土

善男子、善女人
所以要尊重多元，
因為任何「顏色」，
都是從「那道光」來的。

不尊重別人，其實也是不尊重
你自己內在的那個部分。
當你的觀念能夠愈多元，
那就是愈有愛。

人與人在一起，本來就是可以互相相愛的，
單一的價值觀的目的
其實都是「政治」，
是從想操控的意圖來的。

當人們是在愛裡面自然去交流，
這裡面所構築的世界
才會真正有幸福和豐盛。

教育也是一樣，
提升一個社會的智慧，要靠教育，
但教育不是一套東西大家都去學它，
而是要教大家
「愈來愈能以多種角度看得到事情」，
這就是「愈會看」的意思，
也才是「教育」的真義。

所以你要教你的小孩愈會看、
愈會思考事情，
這才是有在教育。

如果是「愈能夠答對標準答案」的教育，
那不是教育，
那只是一個把人窄化的訓練。
為何說是「窄化」呢？
因為你去看，
愈是標準答案，時間愈久就會愈不標準；
也就是所謂的「標準答案」，
都是經不起時間考驗的。

想想你在很小的時候，
被教的那些歷史、地理
甚至物理、天文的「標準答案」，
過了五十年、六十年以後，
現在看起來，
有多荒謬呢？

有的人為什麼會很害怕多元？
因為他是愈用頭腦去計算，
而不是愈用心去「觀察」的，
這個就是所謂「睡著的人」。
當他只用頭腦去思考，
就會覺得多元是會讓他有損失的，
所以他很想要掌控。

可是這些人，
其實也活得很不快樂，
這些人必須想想，
你是一直活在一個群體裡面，
用那個群體的眼光看事情呢？
還是你是可以
用一個「個別的靈魂」去看事情？
如果是前者，那麼事實上

你知道的，
你自己也一直在被那個「別人的眼光」
所勒索與綑綁，
你其實也在裡面
被那些觀念剝削著。

如果這些觀念沒有打開，
你下一世的輪迴，
就很容易進入比如說
「性別議題」、「婆媳問題」、「種族問題」、「金錢議題」等等……
衝突的劇情裡面，
再一次接受衝擊與挑戰。

除非有一世，
當你的觀念上了一個
更開闊的層次，

那麼在比較低層次所會產生的議題，
你就不會有了。

也就是你的輪迴，
就不會在那個層次出現劇情了。
那這份清靜，
就是你的清楚
所修持出來的淨土。

如是入世、如是創造、如是理解這世界的一切，
一世又一世，
這些觀念的打開，
就會讓你來輪迴時很多的「打勾」
能夠被取消；
而因為你的觀念
愈來愈打開，

遇到問題，
你就會一直在「解開、解開」的狀態，
而不是愈旋愈緊。

那麼這個靈魂，
就是在經歷一個光化的過程，
直到與無限合一，
不再以受限的觀念，
將自己吸入輪迴的系統。
而這即是照見五蘊皆空，
遠離顛到夢想，
究竟涅槃。

## 讓你的清楚，更清楚

以上講的這些，
都是「開悟」的拼圖，
本經所傳遞的意旨，
都是從那個「大開悟」、「大究竟」而出。

有些人已經悟到這一片拼圖、
有些人已經悟到那一片拼圖，
而這些拼圖的每一片你都瞭解了，
你才能夠明白那個「太極」：
沒有對、沒有錯、沒有黑、沒有白，
只是很中性地看待一切事物，
沒有悲也沒有慈，
沒有好也沒有惡。

當你真正瞭解一切的事情，
你會回到中性。
也就是當你真正對人生中各種事情
有透徹的瞭解時，
你會發現這個瞭解是很中性的，
而這個中性
就是「本來無一物」與
「明鏡亦非臺」。

那你就會回到
沒有什麼可以再去動搖它的
寧靜與平安。
這就是證得了所謂的
「金剛般若」。

現在的佛教，大部分都在作法會，

結果很多人好像信佛，
卻也不是很瞭解
「佛教到底是什麼？」
這也包括出家人。

其實出家人也會想，雖然作法會很好，
但我的命光
真的就只是這樣用掉嗎？
那麼這些訊息，
就是要打開你的思考能力。

佛法流傳至今，
也還留有真理的片段，
但很多都因為政治，
已經糊掉了。

所謂的「政治」，
就是為了要蓋山頭、要辦法會、要賺錢，
他們選擇性的隱藏起了
可以真正讓學佛的人覺醒的教育，
反而讓信眾一直處於一個
低層次的信仰狀態。

但現在的人，
已經在用智慧型手機，
與全世界的訊息接軌，就彷彿
每個人的手機裡
都有個自己的圖書館了。

所以他們的智慧
是比古代的一般人更高的，
只是很多的訊息，

他還沒有辦法融會貫通而已。
然而，想要用「政治」，
去把信眾放在一個低層次的信仰狀態，
是愈來愈不可能的了；
這就是為什麼這些大宗教
都一直在式微，
年輕人愈來愈不去信了。

如果宗教不能超前於現代人的智慧，
在觀念、語言、角度上
啟發現代人，
那麼最需要重新教育的，
是宗教自己。

本經是在接引真正有道心，
而求知若渴的人。

現在很多的出家人，國內外的通靈資料，
他們也都會去看了，為什麼呢？
這也就是在多元化世界裡面，
你才會從別人的奉獻裡
悟到很多失落的片段，
而讓自己的清楚
更清楚。

而佛法，就是生活中的運用，
是一種讓你去運用之後，可以將別人眼中的五濁惡世，
變成你的遍地寶藏，
而非遠離人群，躲在一個地方閉上眼睛，
那個叫做自晦。
結果他一講話，都是不符合時宜的。

並不是坐在一個廟裡的，

就是神，
神是一種流動，是一種自由，是一種太極的平衡。
你的人生要能夠流動得起來，你才能體會到神。

# 佛法，是真富貴之法

真正的覺醒，一直都是富貴的。

所謂的富貴並不是說你有金山銀山，
而是你能在自己的生活中，
看到遍地黃金，
不必等中了樂透、買了豪宅，
才可以看到那個富貴。

你只要能在生活中覺醒，
願意好好去打理你生活中的每一件事情、每一份關係，
讓你自己在裡面
能夠享受到品質、創造出雙贏，
那麼當下你就能夠看到
你的所到之處，腳下所綻放的蓮花。

你為什麼一直有貪嗔癡？
就是因為你一直不知道怎麼去做、又該做些什麼？
你才能夠看到
你自己腳下的「黃金為地、寶樹成林」，
所以才變得要去羨慕、嫉妒、憤怒、執著……
於是你一直小心翼翼叫自己
不要有貪、不要有嗔、不要有癡，
可是這不是修行，
這是不懂得修行。

所謂的修行，就是能夠讓你從生活裡面，
從某一個角落開始，
也許只是從一個早晨，出門前例行的盥洗過程開始，
卻是透過不同的盥洗方式，
去感受到早晨的朝氣與清新，

去意識到別人為我這個早晨所做的奉獻，
因而由衷在盥洗的過程裡，
感受到滋養與感謝；
再從感謝裡面去看到自己原先局限的小我，
而能夠從更寬闊的角度去待人待己。

然後，
再將這樣的「角落」，延伸到你的其他生活層面，
夫妻、工作、感情……延伸到
各種原本會讓你感到消耗與消極的人生層面；
直到延伸到你的整體生命裡面，
那麼，
你的修行就會開花結果。

這個「開花結果」
除了你自己智慧的成熟，

也必然為你帶來無數對的事、好的事，
讓你真的置身於豐盛之中，
而能很有餘裕地利己利他下去。
這就是菩薩道，
是真正的富貴之道。

反之，所謂的拼經濟，
拼來的環境反而是愈來愈差、
拼來的心境反而是愈來愈生病，
而愈在金字塔頂端的人則愈孤寂，
這種「金字塔」只不過是一種地獄，
你爬到多高都是苦。

可是佛法是讓這個金字塔反過來的，
金字塔反過來，就是「遍地黃金」的意思。
你不用爬、不用搶，

信手拈來就是芬芳、就是微笑，
你的智慧讓你無論身處何種時局，
都能創造你的自由與豐盛，
真正的佛法，是在講這個。

當你是如此的豐盛，你四周的人
就像與你對接的齒輪一樣，
自然會跟著提升與改變，
你甚至都不用刻意要去教導他們什麼。
那這個影響力是什麼呢？
它就叫做「光明」。

那麼當你的生命已經如此自由、喜悅的時候，
貪嗔癡在哪裡呢？
還需要熄滅什麼呢？
當你明白看見，你內在為自己完全負責的那個「佛」，

才是你金剛不壞的喜悅泉源，
那你還會去染著什麼？
你還會再放不下什麼？
於是，曾經的那些無量的煩惱，
現在全部變成，
無量的瞭解、無量的慈愛。

# 〈後語〉

這本經每個人都看得懂，
因為每個人都可以看得到自己現階段
可以看得懂的部分；
可是這本經
每個人也都看不懂，
因為在你的人生還有困境的那些區域，
這本書裡面
雖然已經有在暗示你答案，
然而你現在還看不到。

所以，願你能夠珍視這本經典，
將它置於左右，
每當你在人生中，突然想問：
「我為什麼要來人世間走一遭？」

「人生為什麼要讓我看到這些?」
你就把這本經拿出來翻一翻，
讓你的心與它交流，那麼
佛就在這裡回答你。

## 附錄＊「本來無一物，何處惹塵埃」究竟怎麼修？

日期：二〇一八年五月二十六日
講述：章成老師
聽打者：**ABBY**
潤稿者：鍾嘉誼

**老師**：今天我們要傳遞一個高靈的訊息，我們的訊息是來自大日如來的化身——不動明王。今天要跟大家闡釋什麼是「本來無一物，何處惹塵埃」。

不管你有沒有佛學的背景，總之，這句話在華人世界是人盡皆知的，它源自於《六祖壇經》。《六祖壇經》是中國禪宗的第六位祖師——慧能大師，他過去的一些故事、弘法之後的一些言行、教誨的記錄總合。

這本書裡有很多著名的句子，其中「菩提本無樹，明鏡亦非臺；本來無一物，何處惹塵埃？」這四句算是最有名的。因為與慧能同一個禪寺裡的神秀和尚，被其他的師兄師弟們拱著要寫自己的禪修心得，神秀寫了「身是菩提樹，心如明鏡臺；時時勤拂拭，莫使惹塵埃」，上述四句話是在神秀寫的這四句話的基礎上誕生出來的。

神秀寫了他的偈子以後，大家都覺得：果然是他們的大師兄，出口成章。然而沒想到，當時有一個還沒剃頭出家、也不識字、在廚房裡面做苦力的人叫慧能，他路過聽到人家唸這句子以後，突然心裡面也有感悟，就說：「我也有四句話想寫。」別人聽了都笑他：「你這個不識字的南蠻子，你也有感覺啊？好！我們就幫你寫在牆上。」一開始是要讓他出糗，但沒想到卻出了這首千古名偈，這偈子他一唸出來，全部的人就都震驚了。五祖弘忍也看到了這個偈子，就趕忙說了一聲：「唉呀！這也沒開悟。」還叫人家把它擦掉。為什麼呢？因為要保護慧能，慧能這鋒芒太露了，但他出頭的時機還沒有成熟。

這個故事後面還有很精采的部分，我們不去講它，你如果有興趣，自己可以去看《六祖壇經》。重點是這兩個偈子，不管你懂不懂佛法，我們所有人看到慧能的「菩提本無樹」，都會覺得意境更超越，對不對？都會覺得真的是更上一層樓的佳句。所以不管懂不懂，其實很多人常常會去引用「本來無一物，何處惹塵埃」這個句子，似乎常常用在叫人家「不要庸人自擾」，這是一般人比較會意會到的層次。

然而，今天的課，就是要跟大家闡釋，到底「本來無一物，何處惹塵埃」真正的意思是什麼？這個境界，到底要怎麼修？

## 補償心理

首先，我們要從很生活的小事情講起。大家可能都有這樣的經驗，某天你可能因為心情不好，或是任何原因，你就去踩了人家一腳，或者說是傷及無辜，然後事後覺得自己不對，可是因為種種的顧慮和原因，拉不下臉去跟那個人說對不起，心裡就覺得：「我這樣子有點像一個壞蛋！」因此在一個別的場景，遇到別的狀況、別的人的時候，你會突然有個念頭說：「那我今天就對這個人好一點吧！」因為前面是魔鬼，另外一個時候我就來當一下天使。有沒有這種經驗？那問問大家，像這樣子心理的機轉，如果我們要給它一個形容的話，這叫什麼心理？

**學生們**：「補償心理。」

### ⊙補償心理例子*1*

**老師**：對，沒錯，「補償心理」，那這個補償的目的是什麼？就是可以讓你平衡。你本來覺得有罪惡感，覺得自己這樣像一個壞人。但做都做了，該怎麼辦？那就另外一個時間做一件好事，就可以讓自己覺得：「嗯，我還是一個好人！我還有良心。」但是去做這樣子的一種補償行為，其實它是有問題的。會有什麼問題呢？

**學生們**：「就是你自己好像心安，可是當初那個受傷的人也沒有得到一個……」

**老師**：他其實還在記恨你，對不對？雖然心裡上你自己感覺良好，但那個被你踩的人，他有沒有放過你呢？沒有，對不對？而且你如果是去對其他人家好，被他撞見的話還更糟了（笑），那個感覺是更糟的。所以，第一個問題是：這邊的因果並不是沒有了，還在！不是不報，只是時候未到。這是第一個問題。

第二個問題就是，因為你自己在補償、在平衡，就無端端地去對另一個人比平常更好，或忽然就對另一個人好，所以你很可能會盲目地付出；這個盲目的付出，是沒有去觀察到因緣條件是不是適當的付出，所以常常你又介入了另一個因果。

譬如說李四犯錯了，你就想：「唉呀！我之前把張三罵太兇，好像我很壞，那這個我就算了。」這樣對嗎？因為你覺得之前你好像是壞人，現在你要和藹一點，對李四的犯錯就隨便放過了；可是說不定他這個錯不能跟張三的類比，是在公務上很重要的關鍵，他犯錯可能會影響到別的，可是你都沒有去考慮了，因為你在你的補償心理裡面了。結果後來李四就給你捅了婁子出來。這個就是我們說的，你可能又創造了一個因果出來。

很多的電視劇、電影裡面其實常常探討這種因為「補償心裡」所造成的失衡人生，譬如他年輕的時候發生了一件事有遺憾，可是因為種種原因，他沒有去了那個因果，於是他就常常會有一種補償心理，變成他的一種行為模式，卻做出諸多不合時宜的事情。這樣你們懂嗎？那就創造了更多不良的因果出來。

## ⊙補償心理例子2

現在我們知道「補償心裡」原來是會有問題的。那麼另一方面，當你在補償的時候，你真的快樂嗎？

例如說接下來要放三天連假了，很多人就開始雀躍開心了。放假很高興是正常，可是你們有沒有認識一種人，他的心情總是：「要放假了，我要去狠很的狂歡一下！我要好好的放縱一番！」也有這樣的人對不對？雖然大家放假當然都是去happy，可是其實這個感覺是不一樣的，請你們細心體會一下。

譬如說，有的人他說：「老同學好幾年沒見面了，他來找我當然很開心啊！」可是一般來講，開心就是喝點小酒、飽餐一頓、吃點美食大家好好聊聊。可是也有一種人，他們常常會這樣說：「咱們今天怎麼樣？不醉不歸！」就真的要喝到像爛泥一樣，喝到再也喝不動了才回家，回家之後老婆就很生氣，他還會回：「難得嘛！」老婆就會說：「你哪一次不難得？你根本就是找藉口在喝酒，每一次你都給我喝的爛醉，每一次都有理由說難得！」那我現在請各位去感受一下那種，會說「我要去放縱一下」或者說「我要不醉不歸」那是什麼心理？

**某學生**：「補償心理。」

**老師**：對，也是一種補償心理對不對？那是在補償什麼？

**某學生**：「枯燥無味的上班生活。」

**老師**：（笑）好像是你的心聲哦！怎麼講起來很有感覺？所以那種想去放縱的表達，是不是表示平常很悶，彷彿一個彈簧一直被壓著，所以一旦有機會放開，它就想彈得很遠？如果你平常的狀態雖然有壓力，但不是壓的太緊，今天有個放假，想狂歡的力道就不會那麼強。所以一個壓力大的人其實是有一種現象的：當他有一點快樂的時候，他的內在就會有一股能量、會有股衝力，很想要藉著這個快樂，去把那個快樂推到極致。

那麼，那個讓他去狂歡的衝力是什麼？你自己有經驗的話可以去回想，其實那個動力並不是快樂，反而是一種不甘心。也就是表面上大家好像都說是去快樂，但其實會讓一個人快樂到想放縱，然後熬夜都不要睡的這種，其實並不是快樂，而是有一個不甘心或很鬱悶的心情，他要狠很甩掉它。

這種心態，其實我們成長的過程也可能有。譬如說如果你是走升學路線的，那你可能國中三年都在考試，高中三年又在考試，然後到了你高三的時候更是緊鑼密鼓，每天都活在分數裡面、活在所有人的期許裡，就覺得好辛苦。許多人那個時候心裡面會怎麼想？「以後我如果上了大學，一定要把我以前沒有玩到的、以前爸媽不讓我做的事，全部都做一遍！」可是，其實那些事情本身不見得很快樂，譬如說：「我一定要去隨便找個男生，然後坐他的摩拖車去夜遊！」因為這種事以前都是禁忌，她就非要這樣做。或者說：「我一定要去抽菸或者是跟同學去夜店、Pub！」反正以前不能做的，他都要去做過一輪。有時候我們會把這種狀況當成是「人不痴狂枉少年」，可是這種狀況是因為以前活得太蒼白了，所以你就會想要變成脫彊野馬。

然而做那些事情是不是真的能夠讓你快樂？其實不見得。例如當一個女生真的隨便跟一個男網友，坐上機車去夜遊，搞不好她心裡面很緊張，不見得她真的可以很放鬆、玩的很愉悅，但她就是想要去平衡。

## ⊙補償心理例子3

在宗教、靈修的這個領域裡面，也有很多人是因為在生命歷程裡有很多的創傷、痛苦或者是問題，讓他們覺得，他們想要尋找生命意義的答案、明瞭人生的大事，或是想要找到出口。可是進去了這些領域以後，不知不覺地，他們這個初衷總是會被自己內在很多的「補償心裡」取代，到後來變成是在宗教和靈修裡面尋求補償跟平衡，而不是要去找到自己的力量、找到脫困的自由。所以會變成怎麼樣呢？可能他會不管這個宗教團體講的對或錯，只要你有給我溫暖，只要你有給我慰藉和希望，反正就是可以讓我平衡跟補償的，那我就是要在這裡了。

舉了這些例子以後，我們就來想一件事情：如果你去思考你的人生，從以前到現在，你覺得有多少時候，或多少人生的抉擇、你生活的方式，其實都是為了「補償」而去做的？有多少時間，你都是活在「不平衡然後必須去平衡」裡面的？譬如說：你為什麼要選擇現在這個工作？你當初為什麼要嫁給這個人？你那個時候為什麼要這麼做或那麼做？你人生很多重要的決定，那時候都是因為什麼原因？真的是你覺得快樂嗎？或其實那是一種平衡或補償，有多少的比例是這樣？當然你可能沒有辦法去細數，但是當我們這樣去思考的時候，可能每個人心裡面會抓出一個感覺。

## 人生中的平衡就像是堆石頭遊戲

高靈說，其實我們人來到這個地球上，幾乎絕大部分的人，就是一直在生活裡面玩一種「在不平衡裡面求取平衡」的遊戲。講遊戲是比較好聽，但其實我們常常是戰戰兢兢，在裡面承受著很多痛苦的，好像根本是遊戲在玩你，不是你在玩遊戲。

也就是說，人從小到大，表面上好像許多東西都是我要的、許多事都是我決定的、我要做的，可是這些事情湊在一起以後，就有好多衝突、好多擺不平了。好不容易剛剛平衡了，等一下又有一個不平衡，我們又要趕快想方設法去讓它平衡，是嗎？那這個狀況很像什麼？用個譬喻來講，就很像前幾年曾經流行過的「堆石頭遊戲」。

幾年前全世界曾經突然有過一種風潮：你常常可以看到有人po照片，在很多景點出現一叢叢的石堆，也就是大家流行起在野外留下自己堆高的石塊。堆石頭的遊戲，其實從頭到尾就是一個「平衡能力的考驗」，隨機撿來的石頭每塊都不一樣，所以把每一塊放上去時，都必須重新尋去找那塊石頭的重心點，要去對齊前面石頭的重心位置，這樣才不會坍塌下來。這明顯比翹翹板的平衡還要困難許多，因為翹翹板只有兩邊，而石頭是圓的，所以你的平衡必須是全方位都要去考慮到的。高靈說，那麼這些要堆上去的「不同形狀的石頭」，就意謂著「你的每個不同階段」。

譬如以人際關係來講，你以前唸國中的時候，國中的人際關係就是某種形狀的石頭，你要去平衡它，是有一個角度的；可是到了高中的時候，高中的人際關係這塊石頭，它的平衡角度跟國中不見得一樣；然後大學跟高中也不一樣；出社會的人際關係那更不一樣……所以你每次拿到的石頭就好比是那個不同的人生階段，其實都不相同，不可能用一套招術、用一個固定的角度去做，就可以有效到底的，你每次都必須重新學習摸索，然後才能一塊一塊堆上去。

然而，就算你都順利堆上去了，你也會發現，你堆的愈高，石堆就愈容易搖晃，所以你看那些可以把石頭堆高的人，堆到後來，真的要技巧很厲害，不然很容易會塌下來。這有沒有跟人生很像呢？其實遊戲本來就是取材於人生、象徵人生，只不過遊戲比較容易達成，所以很多人現實生活中無法達成的，會想在遊戲裡面去體驗。

這個堆石頭的遊戲其實非常像人生進行的樣貌。人來到世界上要活下去，就必須去平衡各種事情，也想去感受在平衡裡面可以步步堆高的那個成就感。可是就算每個階段你都可以求取到平衡，它還是會有問題的。有什麼問題呢？

## ⊙問題一，一個無常來了，很容易就毀了這個平衡。

它會有兩種問題。第一種問題是：就算你堆得很好很平衡了，可是隨便一個人突然很無厘頭丟顆石頭進來，是不是馬上就不平衡了？也有可能不是人家故意丟的，可能是風吹的，所以就算你一直不會垮，這個平衡也會維持得很辛苦。

譬如說，妳有一個小姑，妳不喜歡她，很討厭這個人，但還好一年只見一次，就是過年的時候，妳想說那就算了，反正我就那幾天扮演一個好媳婦、好嫂嫂，裝一下就過去了。可是沒想到有一天，小姑打電話給妳說，她失業了，然後要借住妳家，因為她要到台北找工作，她說：「我住一個月就好了啦！」然後後面又補了一句話：「不然就住到我找到工作好了。」這兩句話好矛盾，但顯然最後一句話才是真的，礙於情面，妳沒辦法說不，因為家裡真的有空房間，不小心讓她知道了。

好，那各位就以你們的生活經驗來講，不要說是你不喜歡的小姑，就算是你喜歡的好朋友突然要來你們家住一個月，其實你想，你生活上會不會跑出很多的失衡？

學生們：「會……」

**老師**：事實上妳要重新去平衡很多東西，因為本來妳的作息也好、時間的分配或妳人力的分配，其實都已經有一個固定的狀態了，突然有一個人要加進來，其實不是她想的那麼簡單說：「妳家就有個房間啊！我會付你們水電費啊，你們給我鑰匙我不會吵你們啦！」因為畢竟那是一個人，妳不可能說真的就放生她，她進來家裡住，就需要幫她準備很多東西，不可能是「不用麻煩」的。所以當一個人突然這樣住進來的時候，妳就有很多很多的事情要去打理，建構新的平衡，這就會開始讓妳很辛苦又奔波。

然後，可能她住進來以後，有一天又突然跟妳說：「哇！妳的書房好有 fu 哦！我可不可以去妳的書房看書？我不會吵妳的。」那妳能說不嗎？妳又講不出口說妳想要獨處，好像這樣聽起來是在嫌棄對方，所以妳就接受了。

接受了以後，其實妳覺得一點都不好，於是妳就會開始比較晚回家，甚至帶著下班要做的事情跑去咖啡店裡繼續處理。那麼，買杯咖啡要不要錢？要！特別坐車去咖啡館要不要花時間？要不要花交通費？要！然後有沒有比回家好？當然沒有，回家你可以鞋子一脫，穿著睡衣或穿著內衣，看你的書、做你的事，現在你在咖啡店，你還是要很端莊。所以是不是有很多隱形的成本呢？那個就是你在平衡跟補償時所付出的。表面上，當然你的生活還是維持下去了，但其實你是更勞累、而且付出更多的，這並不是那個住進來的人說：「我有貼你水電費喔！」就好像很OK的。

也就是說她來住，妳也準備了被子，甚至接小孩的時間也調整了，於是表面上是進行下去了，可是實際上「心裡」平衡嗎？妳可能心裡面就吞忍了很多東西，妳就是忍耐著等她什麼時候會走。

所以我們剛說，每個人生階段你都可以平衡，你的石頭就可以一直堆上去；可是就算是可以平衡，它也會有問題——那就是「很辛苦」。因為隨時都有狀況會發生，這裡面會使得你有很多的奔波，還有很多無形的成本在裡面，會變成表面上事情好像有平衡，但你的心境不見得真的有平衡。這是第一個問題。

## ⊙問題二，人生的翹翹板，支點是你的肩膀。

第二個問題在哪裡？各位，我們剛剛說，人生是一個堆石頭的平衡遊戲，可是這個比喻還有與實際人生不夠類比的地方。在堆石頭遊戲裡面，承受這些石頭重量的是土地，因為你是在地面上堆石頭的；可是現實的人生，這些你一直在求取重量之間的平衡（與補償）的事物，其實是堆在哪裡呢？其實是堆在「你的肩膀上」的。

所以現在我們來想像，人生是一個「挑著扁擔的人在走路」的過程。古時候的人挑了個扁擔去遠行，因為中途要吃東西，所以他就在扁擔的右邊放了些乾糧，可是乾糧有重量，一放上去，扁擔歪一邊，他就沒辦法走，所以另一邊勢必也要放個東西，放什麼呢？他可能想說：「那我路上也要喝水，所以水壺放左邊，這樣就平衡了，我又可以往前走了！」可是路途遙遠，要在外面過夜怎麼辦？他可能又想：「那帶個草席放左邊。」但剛剛扁擔已經平衡，現在你加了草席它又不平衡了，於是他又想說：「沒關係！我很聰明啊！我還要煮點東西，那再帶個鐵鍋放右邊，又平衡了！」

我們人生就是這樣，很多事都是你覺得需要而且有用才去拿的，可是任何事情都有重量，這樣堆來堆去，到後來會怎麼樣呢？

扁擔就是一個搭在你肩膀上的翹翹板，翹翹板就是：有一些東西開始放在某一邊的話，另一邊就會不平衡，所以大部分人的解決方式，就是在另一邊再堆一些東西去平衡。例如小姑住進來了，我沒有獨處時間，好，那我就花錢去咖啡店，這就是平衡的意思。

那麼各位，如果人生是個翹翹板，然後你一直在平衡的話，請問到後來會有什麼問題？

對啊，這邊放了五十個石頭的話，我就在那邊也堆五十個石頭。這樣是可以平衡，可是人生走得愈久，兩邊東西堆得愈多，現在這邊再堆一百個石頭，那邊再堆一百個石頭，那也是平衡，可是最後你會怎麼樣？我想不只是落枕，有一天你會垮下來。因為這些東西雖然可以互相平衡，但整體來說，重量會愈來愈重。

你今天如果攬了很多的事情，當然你也知道你要去平衡；可是實際上是，你會覺得你愈來愈吃重。為什麼？因為事情太多了。所以確實在人生裡面，有很多人到後來會垮掉，這些平衡他不是不會做，是在做的這個過程他垮了。

不懂得平衡技巧的人當然很早就摔倒，但那些很懂得平衡的人，他最後也會垮。例如很多高成就的人，我們說他日理萬機，其實他都有在處理，而且也都處理的很好，不然他的公司、他的事業怎麼能夠一直擴展下去？可是到後來，他自己發生問題了。

## 你人生中抓取的任何東西都是有重量的

你去買一台車有沒有分期付款？那不就是重量？又例如，你有一支手機好方便，為什麼方便？以前沒有網路、沒有手機，要找人很困難，現在隨便找人都很快找的到。你說：「哇！太好了這個發明！」可是當你把這個手機放在你人生的簍子裡，你有沒有想過，你很方便找到別人，可是別人也很方便找到你？所以你事情有沒有變多？事實上是有的（笑），所以現在有些人又開始懷念以前沒有手機的時代。

因此，你擁有手機，你是擁有某種以前沒有的能力沒錯，可是有沒有更多的事情在裡面延伸出來？有，那就是重量。像現在不管是 Line 群組或是 Messenger，人家在裡面留言，剛好你就是點到了已讀，然後你又沒有時間回，你心裡就有個負擔、有個重量。二十年前有這種事嗎？沒有。所以任何事情你只要擁有它，好像它可以給你什麼，可是它也要你付出什麼，那也是有重量的。

## 人類整個文明就是在玩翹翹板的遊戲

去看我們人類的歷史，其實跟我們個人的人生是一模一樣的。人類以前沒有柏油路，如果你去看一百年前的老照片，絕大多數都是泥土路，下雨的時候會很泥濘，你如果開汽車的話沒辦法開快，太顛簸了，只有像牛車那種慢慢走的，才會有舒適度。

愈崎嶇的道路你要開愈快，那是不可能，甚至是很危險的，所以當汽車發明了以後，就必須要有柏油路。汽車發明了，大家都覺得好棒，因為汽車可以開得很快，柏油路鋪了以後也很舒適，於是這個世界就開始大量生產汽車、鋪柏油路。想像如果你是出生在才剛開始發明汽車、鋪柏油路的時代的人，第一次體驗了坐汽車的感覺，你心裡面一定會覺得好棒哦、好期待這個世界將會充滿柏油路和汽車。可是當大家都在開車，當到處都是柏油路了以後，世界發生了什麼事了呢？

第一，以前就算被牛車撞到也不會怎麼樣，可是現在天天都有人因為車禍過世，或是終身殘障。第二是空氣污染，造成以前沒有的呼吸系統疾病、癌症，現在有了。

第三，柏油是石油的副產品，汽車也要燃燒汽油，所以石油就變成我們現代文明裡非常依賴的產物，然後你就被石油國家掌控了，掌控油價就真的可以掌控世界經濟。所以，為了解決交通的問題發明了汽車、柏油路，我們覺得很好，可是我們改善了這個問題之後，有沒有付出代價？有，我們又衍生了更多問題，更多需求，然後我們就又要找方法去解決污染問題、去制衡石油經濟所帶來的一切威脅……

講這個的意思就是說：人類的文明也是一直在平衡，人類想要什麼就去做，那他想要的東西產生問題，他也想辦法去解決；可是他為了解決一個問題所帶來的東西，那個東西又衍生出其他的問題，就一直是在這種狀況。

可是這種狀況到了現在，變成每一個人的事情愈來愈多，而且不能解決的問題也一樣不能解決。例如從前不能解決的天花、牛痘，現在沒有了；可是現在我們卻有癌症，癌症不能解決。四十年以前，得到癌症太罕見了，罕見到連續劇常常用這個梗，然後就要配很悲情的音樂，就會有人聽到消息昏倒。現在會昏倒嗎？不會。為什麼？因為司空見慣了！

現在的癌症很多，這些有沒有辦法治？大部分都沒有辦法。雖然說我們醫療有進步，那進步的結果怎麼是這樣？也就是說，我們人類文明在進步，我們解決了以前很多問題，但是我們現在還是活在問題裡面，而且我們現在又比以前的人更忙，對不對？

例如以前「錢」還沒有那麼重要，你還可以說：「我如果在這裡賺不到錢，我就回家鄉種種地、種種菜自己吃，這樣也可以生活。」現在沒有辦法，樣樣都要錢。不只是都市水泥叢林裡什麼都要用買的，連到鄉下去，那個山、那個樹都是有人的。去台東你可以隨便摘一顆樹上的果實，然後說這是大自然的賜予嗎？才不可能！你摘摘看！

這就是在說：你一直在往上堆東西，好像你在擁有，你覺得你在解決或你在進步，可是其實你這個翹翹板上面的東西是愈來愈多的。實際上，人類感覺身心的負荷是愈來愈大的，所以以前哪有憂鬱症？很少，是有，但是很少，可是現在變成好像跟得感冒差不多了（笑）。這樣你們懂了嗎？所以要怎麼辦？接下來要告訴大家要怎麼辦。

# 解決之道

## ⊙先瞭解「何謂因果」

其實方法是這樣的：這個翹翹板當然是要平衡的，不去平衡它，你就摔了。但是我們剛剛不是說，五十個石頭跟五十個石頭也是平衡，二十個石頭跟二十個石頭也是平衡嗎？高靈說，其實你可以去觀察，有些人他的平衡很重，可是有的人他也是平衡，但很輕。這是什麼意思？很輕是指他兩邊的石頭比較少，而且，這個兩邊的石頭是可以愈來愈少、愈來愈少的，少到後來，甚至連上面什麼東西都沒有，連翹翹板都可以整個拿掉！這個翹翹板如果整個拿掉，就叫做「大開悟」，你整個就是光明本身，只剩下光了，就是：你的人生已經不是在平衡裡面的了。這個很有意思，實際是怎麼樣，等一下我們會講，但你要先有這個概念。

如果你是一直活在失衡與平衡的奔走裡面，東西就會愈堆愈多，對不對？這樣子的話，你的負荷豈不是會愈來愈重？那麼，這個不斷讓你在失衡裡面忙著平衡的這個翹翹板的這種「擺盪現象」，就叫做「因果」。佛教講的「因果」當然可以有很多切入點去解釋，可是這裡提供你一個很能幫助你去了悟人生的切入點，去看待所謂的「因果」。

「因果」其實就是一個「處於不斷地失衡與去平衡的狀態」。

也就是說，這些「去平衡」的努力，總會又變成新的失衡，然後又需要再一次的平衡，這個沒完沒了的現象就叫做「因果輪迴」。從無始以來，人就一直在那裡因因果果、果果因因，每次的輪迴投生了以後，又是那些以前沒有平衡的事情繼續在這一世擺盪，就這樣一世又一世、一世又一世，就像連續劇的劇本，可以永遠寫下去，這個叫做因果。

為什麼連續劇演不完，就是因為你並沒有去當下「了」那個因果，你總是變成跑去轉移、寄情，或者是補償。如果人生你都在補償、寄情、轉移、投射，你沒有在當下了那個因果，那你的辛苦就會沒完沒了，也就是一直在輪迴之中。這樣你們就懂這個意思了。所以，我們要怎麼把石頭拿掉，也就是我們要學習在那個當下了那個因果，這才是修行。

## ⊙當下了因果，才能無因果

各位，你們現在就想一個你們心裡面讓你覺得很tough的一個人，就是很難相處的一個人，可是在你生活中，就是必須要和他相處，讓你覺得很有重量的人。（靜默片刻）

好……接著我要你再想一件事：你現在想像跟他相處時，已經變得很自在了，你是可以完全駕馭跟他相處的狀況，不再受制於他，跟他相處沒有重量了！（靜默片刻）

請問如果是這樣的話，你是什麼感覺？會鬆多大的一口氣啊！是不是這樣的感覺？你知道你為什麼會鬆一口氣嗎？因為你會立刻知道，有好多好多事你都可以不用做了，那些都是因為跟他搞不好，就只好用那些事去奔走或補償或忍耐的。

譬如說：我很難拒絕某個人，偏偏這個人老是喜歡提出不合理的要求，我都不知道該怎麼辦才好，所以我只好答應。那每次答應以後，我就變成夾心餅乾，就變成要對另外一些人說謊，或增加自己好多工作量……所以，這種狀況好像一塊大石頭，重得我搬不走。如果這個解決了，我可以馬上意識到有一百零一件事都可以不用做了，所以我會立刻覺得好輕鬆。這樣你們懂老師的意思嗎？

所以，為什麼你直覺上會鬆一口氣？以翹翹板的比喻來講，本來這塊石頭這麼沉甸甸，另一邊的小石頭得要放一百零一個才能去平衡；可是只要這塊石頭重量變成零的話，另一邊那一百零一個小石頭也可以全部都不用了。是不是兩邊同時都減少？也就是說，人生雖然要一直懂得維持平衡，可是不是一直用增加兩邊重量的方式；相反的，是要同時能去減少兩邊石頭的重量。

也就是：你人生中會有重量的人事物，你要讓它變的愈來愈沒有重量，那你就愈不用去平衡、補償了。

## ⊙箇中三昧

我們舉實際的例子來說明，就拿之前講的：妳討厭的那個小姑。她說她要來妳這裡住，因為她失業了要來台北找工作。如果妳有智慧，妳會知道怎麼駕馭這個狀況。

有的人真的可以有這種口才，打電話去給小姑，也不知道講了什麼，才講兩分鐘，小姑就去跟妳婆婆講說：「啊！我想去住哥哥那邊，我覺得哥哥那邊更好。」而且她是開心的，她覺得是她自己要去哥哥那邊，她不要去住妳那邊了。你相不相信有人可以做的到這樣？有！只是你「當局者迷」，就不知道有什麼路徑可以達成那樣。

當你在你的慣性裡面，就只會用你的角度思考，那你就看不到那條路徑，尤其如果一開始你就生氣討厭，那在情緒中的你，甚至會用兩敗俱傷的方式去處理事情。高靈說：「凡事都有出口。」祂的意思是說，任何事你都可以把它的重量變成零，而不是說，你必須犧牲然後才有那個出口。

這邊有個實際例子。有個學生曾跟我說：「老師，我知道我婆婆她有一個習性，就是很愛吃，只要帶她去吃好吃的，本來她不答應的事情，就會答應。那老師教我們要用智慧去處理事情，我就有觀察到這點。以前有一些事情我知道直接跟她講，她會say no的，或她會往負面想；現在我很聰明，都帶她去吃，果然她就往好的地方想，沒有再責怪我了。可是老師，問題又來了，我總不能每次都帶她去吃，我也好撐哦！而且那花費很大。」

以階段性來講，這位同學也不錯，有進步，至少不像以前，一開始生氣就沒辦法，他有找到一個方法去處理他的問題。但是這個方法如果一直用的話，就又會變成不平衡了，因為其實沒辦法一直這樣。老師以前也說，任何事都有雙贏的路徑，可是這個還不是雙贏，而是其中一方有所犧牲；因為妳每次都要帶她吃好吃的，她才會聽話，妳不可能一直這麼做。所以，剛剛說的那個出口，讓妳的婆婆對妳來說變成沒有重量，其實是有其他的做法、其他角度的出口的，一旦妳找到那個出口，是會讓婆婆跟妳相處起來，重量變成零的。

很多人也是在「討好」裡面覺得找到平衡，但其實他還是不平衡。可是高靈要告訴大家，在人世間任何的人事物，它都可以變成相對於你來說重量是零，而要達成這樣，就要把你的智慧開啟。

智慧的開啟就是「修行」真正要做的事，但不是做一些特定的「所謂修行的事情」就可以開啟這樣的智慧，而是要在實際的人生裡，一直讓很多生活裡、社會裡的發生，來打破你的成見與既定的認知，讓這些「瞭解」的拼圖一直去擴展你看事情的角度，以及處理事情的靈活度。那麼，很多事情對你而言，重量就會愈來愈減輕；也就是說，你用「四兩」就可以平衡別人認為的「千斤」，甚至於它還會變成一份滋養，而不是重量。

這個改變的過程有個比喻可以形容：如果你有生之年第一次要上台演講，你可能會很緊張，台底下的人對你來說很恐怖，都很有重量，你很可能在演講前的一個星期已經開始焦慮、睡不好；然後你就會一直修你的演講稿，卻覺得愈修愈爛，甚至到了演講前一天，你變成整晚都不能睡了，怕出糗、怕忘詞、怕這個怕那個……好，等你終於完成了那個演講以後，你會怎樣？你會覺得虛脫，會想去睡個三天三夜；然後三天三夜完了以後，你就想要去放縱地大吃大喝了。為什麼會這樣？就是因為那個演講對你而言，「重量」太重了，所以後面才需要這麼多的補償。

假設演講完以後，你的演講竟得到很大的肯定，然後有好多的邀約進來，甚至有大公司聘請你到公關部門任職，結果你就變成常常要簡報、常常要演講了。那麼，這職場生涯經過了五年以後，你覺得上台演講對你而言，會變成什麼呢？是不是就跟家常便飯一樣了？那你演講完還需要去睡三天三夜嗎？還需要去大吃大喝嗎？都不用。所以你需要去平衡什麼嗎？沒有，演講完頂多是口渴一點，多喝一點水。甚至於演講完你還會覺得很高興，為什麼？「我好 enjoy 這個跟別人的交流的工作喔。」甚至你還會跟別人說：「我覺得我每次去跟人家討論研討或演講後，反而精神很好、能量很飽足很充實，我很喜歡這個工作。」那你看，不但那個事情沒有重量，還變成能量、變成滋養，那你怎麼會需要補償什麼？你怎麼需要去平衡？都不用。

那麼，這五年之間發生了什麼？你可能在演講的時候遇到了很多狀況，你到現場來才發現音響很差、電腦當機、主辦單位臨時要改題目、聽眾很少、神經病跑進會場，或是突然間來了大官想改你的稿子……如果這些突發狀況在你的工作過程裡都遇到了，而你都有去學習、去瞭解別人的各種立場和認知，然後嘗試發揮創意去因應，到後來演講就變成家常便飯了。

不只是家常便飯，而是今天不管遇到什麼狀況，對你來說都沒有重量了，對不對？例如別人現在如果臨時要你改演講題目，以前你會跳腳，會想甩頭走人，你當然可以堅持誰對誰錯，說對方不尊重講者。可是現在你會怎樣？你會說沒問題！拿到你手上，不管什麼限制、什麼條件，到最後你都能夠講你自己要講的，你就有辦法把它全部融合在一起。有的人就可以做到這樣，他可以千變萬化，這個在佛教來講就叫做修成「遊戲三昧」。

我們中文有一個用語說：某個人做某件事他得到了箇中三昧。意思就是說，他已經在裡面可以駕馭跟遊戲了，不管給他任何條件，他都可以去轉動它，不會被你牽制，這就是「三昧」的意思。用現代人的講法就是「很厲害，無入而不自得」。

那請問你，對這個已經得到「演講三昧」的人來說，演講是什麼？第一它沒有重量，第二他可以完全駕馭，也就是他做那件事情的時候，他是有餘裕的，他是有能力千變萬化的，他可以在裡面做任何的創造。所以各位，演講對他來說就叫做「本來無一物」了！那當你還沒有到這個境地的時候，演講對你來說就是個重量，這個重量就是「有那一物」的意思。

每一個人的人生其實都有過類似於「本來無一物」的經驗。例如以前某個你覺得很有重量的人事物，可是後來對你來說卻無足輕重了。雖然有些是因為你們隨著緣分散去，自然分道揚鑣的關係；但也有一些是因為你自己成熟了、更有能力以後，同樣的人事物對你來說已經不再構成任何問題。可是這時候的你，也可以看到公司裡很多菜鳥或剛新進的人，他們還好緊張、把問題看的好大，就跟當初的你一樣。

所以你看，同樣一件事情，你能說它本來一定就是有什麼重量嗎？不能，因為那個重量是相對於那個階段的你。所以請問，如果是這樣的話，這個世界上的每一件人事物，它本來有重量嗎？沒有！對不對？你不能說它有一個本來的重量。如果它有一個本來的重量，應該所有人都覺得它有那個重量。然而，當它對你而言是沒有重量的時候，你就不需要去補償、不需要去平衡、不需要事前焦慮、事後又留下陰影……這些就叫做「塵埃」，就叫做「因因果果」。

當你的智慧打開了，很多事情對你而言就沒有重量，所以你絕不會因為這些事情發生，而想去踩人家一腳；可是相對的，別人如果想踩你，他也會一腳踏空，完全踩不到你。這種境界、這種能力、這種視野，就是「當下就了因果」，那這就叫做「本來無一物，何處惹塵埃」。

為什麼要用「何處」？何處有一點質問、質疑的意思，也就是說本來就無一物，哪裡可以讓你去惹出後續這麼多塵埃呢？可是當你覺得這些事情就是有那個重量、確定就是你的絆腳石的時候，你就會覺得，你非得要去惹那些塵埃不可，因此你人生的石頭就是這樣一直堆上去的。

## ⊙「若人欲了知，三世一切佛，應觀法界性，一切唯心造」

當你的人生，可以透過每件事都去面對、學習，願意跳出自己的觀念，去用不同角度觀察和推動，漸漸地你會發現，很多事對你來說，真的是可以沒有重量的。當你愈來愈成熟，有一天在這個地球上，會沒有任何事情對你有重量。

你不要覺得這好像很遙遠，其實並不會，因為很多事情都是同樣的道理；雖然你現在是一件一件在瞭解、領悟，但是它會變成從點連成線、從線連成面，你會舉一反三，學習速度愈來愈快。所以有的人就是一直往這個方向前進，他的人生到某一世的時候就會學完，也就是說，人間這個集體意識對他來說，都已經沒有重量了，他都瞭解了。那沒有重量是什麼意思呢？就是說，任何情境來，他都可以去轉動、去創造，而不是情境來的時候，他就被事情推著走、情緒就被狀況牽著走了。

所以《楞嚴經》裡面有一句話說：「心能轉境，即同如來。」如來就是佛的另一個稱號。這句話是說，眾生就是「被事情推著走」，那什麼叫佛呢？佛就是「可以推著事情走」。你們不信嗎？你們認為佛只是有能力坐在那裡、不受任何事情打擾嗎？

不對的，如果佛的能力只有「不受打擾」，那祂怎麼建造出一個可以去度你的淨土世界呢？每一尊佛發的願都不一樣，所以每個佛的淨土都呈現不同面貌。那祂發的願誰去實現？當然是他自己啊，還有誰？所以佛不是像你們說的「很唯心地不受打擾」而已，祂的證悟是讓祂真的能去做事的。

這樣大家可以瞭解了嗎？所以最後我們要講《地藏菩薩本願經》裡面有最有名的四句話：「若人欲了知，三世一切佛，應觀法界性，一切唯心造。」這四句話的意思就是：若你想要知道過去、現在、未來所有的佛，祂們為什麼可以成佛？祂們為什麼能夠成就佛道？你應該要去觀察出，這世上所有事情的本質，一切都是你的心去創造出來的。

那這是什麼意思？這個意思就是說：如果對你來說那裡是「有一物」，那個「有」就是相對於你的，也就是因為你立足的角度，去把它給創造出來的。其實這四句話就是在講我們今天在講的。

所以，如果妳能夠把妳婆婆轉動了，就會變成《金剛經》著名的三段論的句子「所謂、即非、是名」：所謂婆婆，即非婆婆（笑），是名婆婆——只是名字叫婆婆。而同樣的，所謂小姑，即非小姑，是名小姑。「是名」的意思，就是「沒有重量」的意思，只是一個標籤而已，再也沒有重量；你不懂這個道理的時候，所謂婆婆就是婆婆，永遠都是婆婆，就重得要死。

今天我們講的是一堂大課，因為它把人生的解脫之道，講得很清楚，讓你不會去迷信，不會搞不清楚經典到底在講什麼。很多人把「一切唯心造」解釋成「宇宙一切存有都是我的意識創造的，不然它本來是沒有的」，當然就究竟上來講是這樣沒錯，可是這陳義太高，對你沒有任何幫助，因為明明你就覺得你那個強勢的婆婆每天都在那裡，揮之不去（笑），要怎麼「一切唯心造」呢？所以重點是什麼？重點是，她相對於妳，是不是可以撩起那些因因果果？是不是妳只要遇到她，就開啟了永遠的不平衡跟不斷的試圖平衡？而這個就叫做「輪迴」，這個就叫做「一切唯心造」。

所以，你能變不見的，是你們之間那個未了的因果，也就是那些重量。那這個因果了了之後會變成一種慈，會變成真正的愛、真正的等待，會變成真正健康的互動形式。那時候你就真的會明白，其實「婆婆」只是一個標籤，並沒有什麼東西在那裡面、是不可以創造的，這才是我們唯一可以離苦得樂的路。

釋迦摩尼佛為什麼會出現在這個世界上？就是來告訴大家這個道理，就是來告訴你我這條讓自己自由的路徑。

而不同的時代，就需要用不同的語言，重新去讓你清楚。以前的佛經因為流傳了太久、也有很多方便考量和政治操作，弄到後來，大家樓就歪掉了，也不知道要怎麼修；或者是只是在裡面點燈取暖，沒有真的行動去走出黑暗。雖然這樣的樓歪在地球這個層級而言，也是再正常不過的事，但今天你們有幸可以聽到這些，那你就瞭解，原來修行這條路真正是怎麼一回事了。

不過實務上當你碰到你自己的那些習題，怎麼去把它們破解，看見自己的「因果病」，那當然是需要一關一關去學習的，這就是為什麼你們來這裡上課的緣故。然而雖然剛開始慢，但是後來會變快，老師跟你們保證是這樣的。如果你是往這個方向走，那才叫做「一步一蓮花」，未來你就會愈來愈像倒吃甘蔗一樣，甚至你可以這一世就解脫，就成為那個光明，這都是可以的。這就是今天老師要跟大家傳遞的，來自不動明王的訊息：什麼是「本來無一物，何處惹塵埃」。

## ⊙ 傳訊者介紹

### 章成

靈修導師，資深廣播人，三屆金鐘獎得主。首位受邀於中國銷售第一女性時尚雜誌《悅己 SELF》，開闢人生智慧專欄的台灣靈性作家，連載三年半，大受好評。長年樸素禪修，創辦「心的智慧」課程，及「一對一高層意識通靈諮詢」等，教學風格通解靈性和生活語言，讓學生容易地體會關鍵道理，輕鬆、明亮的修習。著作：《人生最有價值的事，是發現自己在重複》、《都可以，就是大覺醒》、《理念崛起》、《回家》、《奉獻》、《神性自在》、《與佛對話》（以上均為商周出版），《不失去快樂的秘密》、《你就是幸福的源頭》（以上均為天下文化），《絕望中遇見梅爾達》（方智），《一生，至少該有一次說走就走》（我們）、《大自然健康密碼 CD》（風潮唱片）。

### M・FAN

室內設計師，《都可以，就是大覺醒》、《理念崛起》、《回家》、《奉獻》、《與佛對話》共同著作人。

部落格：章成的好世界

FB 粉絲頁：章成

國家圖書館出版品預行編目 (CIP) 資料

| |
|---|
| 地藏經：五濁惡世轉遍地寶藏，勝義般若經 / 章成、M．FAN 傳訊 . -- 初版 . -- 臺北市：商周出版：家庭傳媒城邦分公司發行 ,2018.11<br>面；　公分<br>ISBN 978-986-477-560-6（精裝）<br><br>225.87　　　　107018025 |


# 地藏經：五濁惡世轉遍地寶藏，勝義般若經

傳訊者　章成、M．FAN
企畫選書　徐藍萍
責任編輯　徐藍萍

版　權　黃淑敏、翁靜如
行銷業務　王瑜、闕睿甫
總編輯　徐藍萍
總經理　彭之琬
發行人　何飛鵬
法律顧問　元禾法律事務所王子文律師
出　版　商周出版　台北市 104 民生東路二段 141 號 9 樓
電話：(02) 25007008　傳真：(02)25007759
E-mail：ct-bwp@cite.com.tw　Blog：http://bwp25007008.pixnet.net/blog
發　行　英屬蓋曼群島商家庭傳媒股份有限公司城邦分公司
台北市中山區民生東路二段 141 號 2 樓
書虫客服服務專線：02-25007718　02-25007719
24 小時傳真服務：02-25001990　02-25001991
服務時間：週一至週五 9:30-12:00　13:30-17:00
劃撥帳號：19863813　戶名：書虫股份有限公司
讀者服務信箱 E-mail：service@readingclub.com.tw
香港發行所　城邦（香港）出版集團有限公司　香港灣仔駱克道 193 號東超商業中心 1 樓
E-mail: hkcite@biznetvigator.com　電話：(852)25086231　傳真：(852)25789337
馬新發行所　城邦（馬新）出版集團 Cite (M) Sdn Bhd
41, Jalan Radin Anum, Bandar Baru Sri Petaling, 57000 Kuala Lumpur, Malaysia.
Tel: (603) 90578822　Fax: (603) 90576622　Email: cite@cite.com.my

設　計　張燕儀
印　刷　卡樂彩色製版印刷有限公司
總經銷　聯合發行股份有限公司　新北市 231 新店區寶橋路 235 巷 6 弄 6 號 2 樓
電話：(02) 2917-8022　傳真：(02) 2911-0053

■2018 年 11 月 8 日初版
■2023 年 3 月 16 日初版 9.8 刷
定價 380 元

城邦讀書花園
www.cite.com.tw

Printed in Taiwan

　ISBN 978-986-477-560-6

心存善念
福氣綿延